Trabajo en equipo

DINÁMICA Y PARTICIPACIÓN EN LOS GRUPOS

Guillermo Ballenato Prieto

Trabajo en equipo

DINÁMICA Y PARTICIPACIÓN EN LOS GRUPOS

EDICIONES PIRÁMIDE

COLECCIÓN «LIBRO PRÁCTICO»

Diseño de cubierta e interiores: Anaí Miguel

Imagen de cubierta: SuperStock

Dibujos: Antonio Cobos Gómez de Linares

Juan Ignacio Luca de Tena, 15. 28027 Madrid
Teléfono: 91 393 89 89
www.edicionespiramide.es
Depósito legal: M. 23.680-2011
ISBN: 978-84-368-1936-6
Printed in Spain
Impreso en Lavel, S. A.
Polígono Industrial Los Llanos. Gran Canaria, 12
Humanes de Madrid (Madrid)

ÍNDICE

PRÓLOGO

Quizá uno de los mejores planteamientos para acercarnos al conocimiento más certero de los humanos sea hacerlo desde nuestra condición de ser sociales. Lo corrobora nuestro origen y naturaleza, y forma parte de nuestra esencia, pues nacemos, crecemos y, por lo general, vivimos integrados en diferentes grupos. Dentro de casa, o cuando nos divertimos, o en el trabajo, estamos siempre en sociedad, vivimos en medio de otros, por lo que contamos con un Derecho que regula esa convivencia, con una Ética que dirige nuestro comportamiento, con unas pautas para comunicarnos con los demás.

La Historia de la Humanidad se ha construido sobre la progresión habida desde unos pequeños grupos originarios hasta alcanzar las complejas megalópolis actuales, donde intermediaron hitos que supusieron el salto de la tribu a la aldea, luego a las primeras ciudades. Allí se originó la Política, el Derecho, y hasta la propia Historia. Y más tarde las organizaciones sociales derivadas de la visión racionalista y de la subsiguiente revolución industrial.

En esa progresión se fue consolidando «hacer las cosas con otros», dentro de un grupo, que incluso ha generado un vocabulario de constante referencia en nuestras conversaciones diarias, pero que alcanza notoria expresión en el mundo académico y en el profesional, como demuestra el que hablemos de participación (tener parte en una cosa), de colaboración (trabajar con otros), de cooperación (obrar juntamente con otros), o de contribución (ayudar o concurrir a un mismo fin), mediante las que se hace patente la auténtica significación del nosotros (nos y los otros).

En la nueva situación del mundo universitario dibujada por el Acuerdo de Bolonia (1999), para promocionar las dimensiones europeas necesarias en la enseñanza superior, se persigue que los alumnos egresados alcancen capacidades generales para:

- ✎ La síntesis y el análisis.
- ✎ La resolución de problemas prácticos.
- ✎ La adaptación a nuevas situaciones que puedan surgir.
- ✎ La gestión de la información.
- ✎ El trabajo en equipo.
- ✎ La organización y la planificación.
- ✎ El trabajo de forma autónoma.

Reconociéndose así, de manera explícita, la necesidad de trabajar en grupo y, sobre todo, de estar preparados para hacerlo, si queremos construir la economía más competitiva y dinámica del mundo. Por ello, desde el Consejo Europeo de Lisboa del mes de marzo de 2000, se volvió un objetivo prioritario de la Unión Europea, capaz de sustentar el crecimiento económico y crear un mayor número de puestos de trabajo, de mejor calidad, así como de alcanzar una cohesión social mejor fundamentada.

Aún dentro de la actualidad académica universitaria, merece destacarse el hecho de que, al elaborarse los distintos libros blancos de las nuevas titulaciones de Ciencias Sociales, no se hayan detectado diferencias significativas entre los distintos perfiles y orientaciones profesionales respecto a las competencias transversales de carácter personal que, de modo genérico, deben alcanzar los estudiantes de grado. Por lo que fue unánime la decisión de incluir entre las competencias *personales* el trabajo en equipo y, en especial, el trabajo en un equipo de carácter interdisciplinario.

No hay duda, pues, de que los egresados deben salir al mercado de trabajo bien caracterizados por su espíritu de equipo, para realizar de manera correcta la parte del trabajo que cada uno tiene junto con el resto de compañeros de un grupo o de un servicio, intercambiando y compartiendo con ellos información, herramientas y experiencia, con la intención de alcanzar objetivos comunes (satisfacer una petición, mejorar la eficacia del centro de trabajo, etc.) y sin anteponer los intereses personales o intentar no guardarse la información (o los documentos).

Todas estas razones hacían conveniente un manual que nos guiase por las exigencias del trabajo en equipo. Participar en un equipo no es, ni más ni menos, que realizar el trabajo individual colaborando hacia un fin común. Pero conseguir que esto sea dinámico no resulta fácil, ya que todos los integrantes del equipo han de decidir voluntariamente que subordinan parte de su libertad e intereses particulares a un objetivo de mayor alcance. De forma que el trabajo en equipo se convierte en un fin en sí mismo, porque quienes lo integran están convencidos de que es la mejor manera de conseguir realizar un proyecto. La importancia de esta actitud descansa en que se establece como servicio hacia un fin superior, sin que se pierda un ápice del respeto consciente a la dignidad de las personas e incluso velando por los intereses particulares. El acierto en la elección del tema se deriva, pues, tanto de su total actualidad como del indudable interés que ofrece para empresas y organizaciones, pero asimismo para quienes nos dedicamos a la formación superior, por cuanto supone caracterizar a los estudiantes universitarios con unas condiciones que exige la vida y, desde luego, el mercado laboral.

Por ello, debemos destacar la motivación del autor al entregarnos una obra convencido de que la riqueza viene de la diversidad, de lo que cada uno aporta al grupo trabajando coordinadamente en la ejecución de una tarea, pues la propia noción de equipo implica el aprovechamiento del talento colectivo, producido cuando cada persona interactúa con las demás. Por lo que se ha dedicado a explicarnos metódicamente que el éxito consiste en que cada miembro del equipo se haga responsable de un cometido y en que cada uno de todos cumplan su función.

No era fácil plasmar con claridad y exactitud un asunto de tal complejidad. Sólo podía ser abordable por un especialista que, al tiempo, contase con la experiencia acumulada de haberse enfrentado al estudio de las técnicas del trabajo en grupo a lo largo de su actividad profesional. Y, honestamente, pensamos que así ha sido, al conjuntar en su persona los necesarios rasgos de experto, orientador sensible y convencido pragmatista del trabajo en equipo, sobre el que tanto ha enseñado en nuestra universidad. Su aportación nos sitúa, pues, ante el panorama de la suma de energías individuales que se multiplica progresivamente, y que llega a reflejarse sobre la totalidad del grupo, razón en la que se sintetiza el saludo de bienvenida con que su manual debe ser recibido.

Getafe, enero de 2005.

José Antonio Moreiro González
Decano de la Facultad de Humanidades,
Comunicación y Documentación.
Universidad Carlos III de Madrid

INTRODUCCIÓN

«No puedes hacerlo solo,
pero sólo tú puedes hacerlo.»

MOWRER

En estos tiempos de constante innovación tecnológica el trabajo en equipo es una verdadera fuente de energía, un puente hacia el humanismo, que nos marca el camino hacia el *desarrollo social* y el *perfeccionamiento humano*. El grupo es el motor de importantes procesos individuales y sociales. Aunque la sociedad actual parece ir cediendo terreno al individualismo, el trabajo en equipo sigue siendo un pilar fundamental del progreso humano. Los propios avances técnicos hacen que resulte cada vez más necesario aunar esfuerzos.

¿De qué variables depende el adecuado funcionamiento de los grupos humanos? ¿Por qué resulta a veces tan *complejo* trabajar en equipo? ¿Lo concebimos como una oportunidad de crecimiento personal o como una pérdida de tiempo? ¿Nos centramos más en lo que el grupo puede ofrecernos que en lo que nosotros podemos aportar?

Es bastante conocida aquella reflexión de Groucho Marx en la que rechazaba la posibilidad de pertenecer a un grupo que estuviese dispuesto a aceptarle como miembro. El ser humano crece, aprende y se desarrolla en sociedad. Necesita romper las barreras sociales para entrar a conocer la realidad de las otras personas, y pasar del *«yo»* al *«nosotros»*. Pero no todas las personas encuentran fácilmente el camino para integrarse y trabajar en grupo de forma eficaz. Tal vez tengan mucho que ver en ello las características personales, las propias características y composición del grupo, la experiencia previa de trabajo en equipo, y el conocimiento que se tenga acerca de su estructura y funcionamiento.

Para potenciar el trabajo en equipo debemos desarrollar habilidades tan diversas como la comunicación, la motivación, el liderazgo, la delegación, la asertividad, y la solución de problemas. Además de optimizar nuestras habilidades sociales probablemente debemos también revisar y modificar algunas opiniones y actitudes acerca de los grupos. Algunas aparecen reflejadas en un breve cuestionario en las páginas 17 y 18. A veces da la impresión de que, en solitario, podríamos haber acabado mejor y más rápido el trabajo, sin embargo, salvo en contadas excepciones, esto es falso. Pero hay mucha sabiduría popular en algunos conocidos refranes que afirman que la unión hace la fuerza, que quien tiene un amigo tiene un tesoro, o que cuatro ojos ven más que dos.

Este libro aborda aspectos fundamentales del trabajo en equipo: la estructura y dinámica de los grupos, su composición, las principales metodologías para trabajar en equipo de forma participativa, la dirección y el liderazgo, la gestión de los conflictos. Su contenido es aplicable a los ámbitos académico, laboral y social. Lejos de intentar idealizar los grupos se pretende mostrar gran parte de su realidad, desde una perspectiva teórica amplia pero con claras repercusiones prácticas, y de una forma sencilla y accesible pero respaldada por la investigación científica, tanto desde la psicología del individuo como desde la psicología social.

Gran parte del contenido del manual surge del material impartido en cursos, forma parte del saber y la práctica común de muchos expertos en el tema, y se utiliza, comparte e imparte, de forma habitual, en la función docente. La teoría sobre los grupos está siendo constantemente renovada, ampliada, revisada y adaptada, tanto desde la investigación como desde la propia experiencia. Para ampliar algunos contenidos específicos remitimos al lector a la bibliografía que figura en la parte final.

El libro intenta transmitir una forma especial de concebir el trabajo en equipo, en la que resultan claves la actitud positiva y constructiva, la empatía, la integración, la equidad y la participación. La convivencia y la cooperación abren las puertas al progreso social, y permiten avanzar en el crecimiento y la construcción de la propia identidad personal. El desarrollo del trabajo en equipo es un proceso en espiral, cuya eficacia se basa no sólo en el potencial de las personas que lo integran, sino también en la contribución que realiza el propio grupo al desarrollo de sus miembros como individuos.

Agradecimientos

Deseo expresar mi agradecimiento a mis compañeros de profesión, amigos y alumnos, por su valioso y constante ánimo y estímulo, así como por sus comentarios, aportaciones y sugerencias. A la Universidad Carlos III de Madrid, cuyo decidido apoyo a la formación integral y al desarrollo personal del estudiante está en el origen de este libro. A toda la comunidad universitaria, por su confianza y aliento, y su calidad humana y profesional. Gracias también a don José Antonio Moreiro González, decano de la Facultad de Humanidades, Comunicación y Documentación, que ha tenido la amabilidad de escribir el prólogo del libro. Y gracias, finalmente, a todos aquellos que habéis decidido adentraros en su lectura.

GUILLERMO BALLENATO PRIETO
gballenato@correo.cop.es
www.cop.es/colegiados/m-13106

OPINIONES Y ACTITUDES ACERCA DEL TRABAJO EN EQUIPO

Señala aquellas afirmaciones con las que estás más de acuerdo y que, según tu criterio, describen mejor cómo debe ser el trabajo en equipo:

- ❑ 1. El compromiso de los miembros del equipo es sacar adelante el trabajo como su principal prioridad.
- ❑ 2. Los miembros del equipo deben ejercitar una escucha activa y desarrollar un clima de confianza y comprensión.
- ❑ 3. Ante los desacuerdos, los integrantes del equipo deben evitar atacarse entre sí.
- ❑ 4. Aun estando en desacuerdo, los miembros del equipo interactúan y se comunican abierta y directamente.
- ❑ 5. Los miembros del equipo comparten su tiempo fuera del trabajo, y pueden hablar de la tarea y/o mantener reuniones también en su tiempo libre.
- ❑ 6. Los conocimientos y la experiencia de los miembros del equipo juegan un papel muy importante en la toma de decisiones por parte del grupo.
- ❑ 7. Los miembros del equipo deben contribuir por igual en la toma de decisiones.
- ❑ 8. El conflicto es considerado como saludable, ya que puede contribuir a que surjan nuevas ideas y mejores soluciones.
- ❑ 9. Al terminar la reunión, los miembros del equipo conocen sus responsabilidades y se muestran comprometidos para cumplir lo acordado.
- ❑ 10. Cuando finaliza la reunión, los miembros del equipo tienen libertad para comprometerse o no con las decisiones adoptadas.
- ❑ 11. Los miembros del equipo toman tantas decisiones como pueden por consenso, y trabajan juntos siempre que sea posible.

- ❑ 12. El conflicto debe ser evitado en la medida de lo posible para no distorsionar la armonía del equipo.
- ❑ 13. En el trabajo en equipo es preferible la cooperación a la competición.
- ❑ 14. Tanto la cooperación como la competición tienen cabida en el trabajo en equipo.
- ❑ 15. En el trabajo en equipo es preferible la competición a la cooperación.
- ❑ 16. La productividad es más alta cuando se trabaja solo que cuando se trabaja en grupo.
- ❑ 17. Las decisiones en grupo deben ser tomadas por mayoría.
- ❑ 18. Las personas suelen esforzarse menos al trabajar en equipo que al hacerlo de forma individual.
- ❑ 19. Las normas en los grupos deben estar establecidas con claridad desde el inicio, de modo que no sea preciso perder tiempo en elaborarlas.
- ❑ 20. El liderazgo autoritario contribuye a facilitar la toma de decisiones y a evitar los conflictos.
- ❑ 21. Un perfil heterogéneo, en cuanto a conocimientos, actitudes o experiencia por parte de los miembros del grupo, dificulta y entorpece el trabajo en equipo.
- ❑ 22. Los miembros del equipo son libres de trabajar individualmente cuando su esfuerzo individual tiene más sentido, y juntos cuando se precisa la colaboración.
- ❑ 23. Lo importante en el trabajo en grupo es el logro de los objetivos y la eficacia.
- ❑ 24. Para trabajar en equipo hay que supeditar los intereses individuales a los intereses grupales.
- ❑ 25. En la mayoría de los grupos hay personas con las que es prácticamente imposible comunicarse o llegar a acuerdos.

Cada una de las afirmaciones anteriores se puede ir contrastando con los contenidos del libro según se avanza en su lectura.

1

EL TRABAJO EN EQUIPO

«El que busca un amigo sin defectos
se queda sin amigos.»
PROVERBIO TURCO

IMPORTANCIA DEL TRABAJO EN EQUIPO

La sociedad actual está viviendo cambios importantes en los grupos sociales. Probablemente se está avanzando poco en aspectos tan esenciales como la tolerancia, el respeto, la confianza mutua y la aceptación de los demás y de las diferencias.

Las aglomeraciones urbanas han convertido la soledad en un grave problema del siglo XXI, que con frecuencia permanece oculto. La sociedad parece haber cogido un rumbo no especialmente favorable en lo que a trabajo en equipo se refiere.

Se puede observar una marcada tendencia en varias direcciones:

- individualismo,
- materialismo,
- aislamiento social,
- fragmentación,
- despersonalización,
- competitividad.

Se están perdiendo y relegando a un segundo plano las habilidades sociales que permiten optimizar las relaciones interpersonales. Se avanza también hacia un tipo de competitividad que en muchos casos resulta altamente perjudicial tanto para los individuos como para los grupos humanos. Los efectos son evidentes: incremento de casos de depresión, ansiedad, estrés, síndrome del trabajador quemado, acoso laboral...

El número de personas que deciden vivir solas, de forma independiente, aumenta año tras año. En muchos casos está resultando complicado adaptarse a los cambios que se están produciendo en la estructura familiar tradicional. La familia, ese elemento tan valorado socialmente en las encuestas, presenta nuevas estructuras y se compone de un menor número de miembros.

Cada vez resulta más difícil mantener a lo largo de los años los grupos de amigos, que varían desde la infancia a la adolescencia y a la edad adulta, en ámbitos como el personal, el académico y el laboral. Las personas que viven en comunidad, por ejemplo los vecinos de un edificio, mantienen en general poco contacto, y a veces el que tienen resulta bastante polémico. Los individuos se conforman con proyectarse y vivir imaginariamente la vida de grupos artificiales que aparecen en pantalla, creados para el espectáculo. El contacto interpersonal directo está siendo sustituido en muchos casos por los amigos y los grupos virtuales.

El fin último de las relaciones interpersonales no parece ser el propio desarrollo personal y grupal, o la contribución a la construcción social. Las relaciones humanas tienden a basarse en aspectos materiales, a tener un carácter marcadamente mercantilista. El grupo ha pasado a ser «utilizado» como un medio para la consecución de intereses personales individuales. El trabajo en equipo es percibido, en algunos casos, como una obligación o un requerimiento más de la tarea; algo así como una especie de ¡accidente laboral!

Cuentan que en el cuaternario, durante los períodos glaciales, los erizos sentían el enorme frío en sus cuerpos y se juntaban para darse calor. Al reducir la distancia entre ellos se clavaban sus púas, lo que les obligaba a volver a separarse. Sin embargo, el frío volvía a impulsarles a juntarse en busca de calor. Al notar de nuevo el dolor, producto de los pinchazos, se veían obligados a separarse de nuevo. Y esta secuencia se repetía una y otra vez hasta que, poco a poco, fueron encontrando la distancia de mayor calor y menor pinchazo.

De igual modo los seres humanos necesitan del calor del contacto social, pero con frecuencia tardan en adaptarse unos a otros. Trabajar en equipo no resulta ser una tarea sencilla. Sin embargo, el respeto a las diferencias interpersonales y el aprovechamiento de las mismas permite obtener un alto rendimiento del mismo.

Desde hace décadas, y muy especialmente en la actualidad, se hace hincapié en lo esencial que resulta el trabajo en equipo. Su importancia está sobradamente justificada en diferentes áreas:

- **Personal:** las relaciones humanas son fundamentales para el desarrollo personal.
- **Social:** el ser humano es un ser social que necesita del contacto con los demás.
- **Académica:** el aprendizaje cooperativo ha mostrado su utilidad y validez.
- **Laboral:** la unión de esfuerzos contribuye a la eficacia en la consecución de objetivos.

En los procesos de selección de personal se valora muy especialmente, en la mayoría de los casos, la capacidad para trabajar en equipo que tienen los candidatos al puesto de trabajo. Incluso se realizan dinámicas de grupo con objeto de analizar sus comportamientos cuando interactúan.

Los seres humanos nos comportamos de forma muy diferente cuando estamos solos y cuando estamos acompañados por otras personas; por ejemplo, participando en una junta de vecinos, en una manifestación, o viendo un partido en un estadio de fútbol.

El grupo ejerce una influencia muy poderosa sobre el individuo. Puede modelar y modificar con relativa facilidad muchos comportamientos, aptitudes y actitudes individuales. Muchos especialistas —principalmente psicólogos, sociólogos y docentes— conocen bien el potencial de cambio de la terapia de grupo, de pareja o familiar, la esencia de los cambios sociales, y el efecto del grupo como potenciador del aprendizaje.

CONCEPTO DE GRUPO

Entendemos por grupo una pluralidad de individuos que se relacionan entre sí, con un cierto grado de interdependencia, que dirigen su esfuerzo a la consecución de un objetivo común con la convicción de que juntos pueden alcanzar este objetivo mejor que individualmente.

El grupo se caracteriza por ser una pluralidad de personas que conforma un conjunto, una unidad colectiva vinculada por lazos reales. Es a su vez una unidad parcial inserta en el seno de una colectividad más amplia, y una entidad dinámica que, sin embargo, tiende a estructurarse y a organizarse en busca de una estabilidad relativa.

La interacción es la esencia del grupo. No habría grupo sin interacción, sino simplemente un cúmulo de personas sin más, sin sentido ni dirección ni propósito. No estaría contemplada como grupo una aglomeración casual o accidental, como sería el caso de un cierto número de personas que coinciden en el metro. Los colectivos de mujeres, de personas mayores o de universitarios, por ejemplo, son categorías o unidades teóricas que tampoco entrarían en la consideración de grupo.

Veamos algunos aspectos que caracterizan al grupo:

1. **Interacción:** los miembros interactúan con cierta frecuencia, de forma personal y a partir de ciertas pautas establecidas. La conducta y acciones de cualquiera de sus miembros sirve de estímulo al comportamiento de los otros.
2. **Interdependencia:** los individuos dependen unos de otros para poder alcanzar los objetivos grupales. No solamente interactúan, sino que también comparten normas o desempeñan funciones que se complementan.
3. **Finalidad:** sus integrantes realizan actividades colectivas que contribuyen al logro de objetivos comunes.
4. **Percepción:** el grupo es directamente observable; los miembros perciben la existencia del grupo, tienen un sentimiento de pertenencia al mismo, y se comportan como grupo de cara el exterior. Su entidad es reconocida como tal por sus propios miembros y por los demás. Existe una conciencia y un sentimiento de grupo que se configura a través del desarrollo del «nosotros» frente al «ellos».
5. **Motivación:** el grupo permite satisfacer necesidades individuales, tanto explícitas como implícitas. Las primeras suelen encajar directamente con las tareas y el objetivo concreto del grupo. Las implícitas pueden resultar menos evidentes —amistad o liderazgo, por ejemplo—, pero movilizan al individuo a participar en las actividades grupales.
6. **Organización:** el grupo tiene una determinada estructura que se traduce en la distribución de papeles, configurando un sistema de roles entrelazados que representan un cierto nivel o estatus, así como una serie de normas de funcionamiento compartidas.
7. **Actitud:** el grupo comparte determinadas actitudes y valores que forman parte de su propia cultura.

8. **Estabilidad:** la interacción entre los miembros no es algo puntual, sino que se produce con una relativa duración en el tiempo. La estabilidad vendrá marcada por el tipo de grupo.

Vemos que el concepto de grupo queda bastante especificado, pero habría que matizar ciertas diferencias que, sin embargo, diversos autores encuentran entre grupo y equipo de trabajo. Se trata de matices muy sutiles que podrían referirse a los siguientes aspectos:

	Grupo	Equipo
Objetivo	Sus integrantes muestran intereses comunes.	La meta está más claramente definida y especificada.
Compromiso	Nivel de compromiso relativo.	Nivel de compromiso elevado.
Cultura	Escasa cultura grupal.	Valores compartidos y elevado espíritu de equipo.
Tareas	Se distribuyen de forma igualitaria.	Se distribuyen según habilidades y capacidad.
Integración	Tendencia a la especialización fragmentada, a la división.	Aprendizaje en el contexto global integrado.
Dependencia	Independencia en el trabajo individual.	Interdependencia que garantiza los resultados.
Logros	Se juzgan los logros de cada individuo.	Se valoran los logros de todo el equipo.
Liderazgo	Puede haber o no un coordinador.	Hay un responsable que coordina el trabajo.
Conclusiones	Más personales o individuales.	De carácter más colectivo.
Evaluación	El grupo no se evalúa; se valora en ocasiones el resultado final.	La autoevaluación del equipo es continua.

En la redacción de este libro se han equiparado ambos términos, llamando indistintamente tanto equipo como grupo a lo que en rigor son equipos de trabajo.

NECESIDAD DE TRABAJAR EN EQUIPO

Un concepto esencial al referirnos al trabajo en equipo es el de *sinergia*. Se parte del supuesto de que la acción conjunta de dos o más causas produce un efecto superior a la suma de los efectos tomados de forma individual. De este modo, gracias al concurso y la participación activa y concertada de varios individuos, el resultado del grupo supera a la suma de las aportaciones individuales.

El pensamiento colectivo maneja mucha más información y puntos de vista que la simple suma de cerebros tomados de forma aislada. Esto, que matemática o lógicamente parece no cuadrar, es una realidad a la hora de trabajar en equipo.

Sinergia

¿1 + 1 = 3?

¡1 + 1 > 2!

Es bastante conocida la costumbre de ciertas *aves* de volar juntas, dibujando en el cielo una especie de punta de flecha. La formación en «V» permite volar a toda la bandada de pájaros mucho más rápido que si volasen por separado. Unidos logran llegar mucho antes a su destino. Al igual que los ciclistas, las aves van alternando sus esfuerzos relevándose en los puestos de cabeza para que el que va en primera línea no se agote en su lucha contra el aire y el viento. Las aves que van detrás emiten sonidos y graznidos intentando animar a los que van delante, ofreciéndoles motivación y estímulo para continuar. Y cuando alguna de ellas se agota o enferma, sale de la formación acompañada por otras que le ayudan a recuperarse y a continuar el viaje.

Este ejemplo, tomado de la propia naturaleza, nos muestra muchos elementos esenciales y consecuencias del trabajo en equipo:

- ✎ mayor eficacia,
- ✎ reparto de esfuerzos,
- ✎ liderazgo compartido,
- ✎ motivación,
- ✎ solidaridad y apoyo entre los miembros.

El ser humano es un ser social, tiene una clara motivación de pertenencia y una tendencia natural a buscar en los demás información sobre sí mismo, a evaluarse, a compararse y a validarse socialmente.

Los amigos, la pareja, la familia, los compañeros de estudio o de trabajo y la sociedad representan diferentes núcleos de relación interpersonal y de trabajo en grupo. Son sistemas organizados, integrados por diferentes miembros, y con objetivos y grados de complejidad también diferentes. En el ámbito académico, por ejemplo, puede desempeñar un papel importante el aprendizaje cooperativo. En el ámbito laboral probablemente la complejidad técnica requiera una alta coordinación e interdependencia, así como intervención multiprofesional.

John Naisbit diferenció claramente tres etapas en el ámbito de las organizaciones. Cada una tiene su objetivo, producto, recurso y rol estratégico específicos, y su propia estructura organizacional:

— En la **era agrícola,** el agricultor se centraba en la obtención de alimentos de la tierra. El objetivo principal era la supervivencia. La estructura de la organización tenía una forma similar a la de un peine: una persona dirigía y los demás seguían sus directrices.

— En la **era industrial,** que ha durado hasta finales del siglo XX, el recurso principal ha sido el capital. Se ha basado en los progresos tecnológicos y las máquinas para elevar el nivel de vida. Su organización se estructura básicamente por funciones, por productos o por zonas geográficas, y se representa mediante un organigrama.

— Desde el final del siglo XX, y durante esta primera parte del siglo XXI, se están produciendo cambios importantes en las organizaciones. El origen ha sido el importante avance de las telecomunicaciones y la posibilidad de acceder rápidamente a gran cantidad de información. Las organizaciones tienden a tener estructuras menos definidas, son más flexibles y trabajan por proyectos, con equipos de alto rendimiento. Esto da lugar a una estructura en forma de malla o red. El protagonista de esta **era de la comunicación y la información** es el emprendedor, la persona que trabaja con las ideas, capaz de crear, innovar y tener un papel activo y protagonista en su trabajo que contribuya a su desarrollo personal.

Eras de J. Naisbit

Eras de Naisbit	Agrícola	Industrial s. XVIII a XX	Comunicación-información. Final s. XX a XXI
Objetivo	Supervivencia	Nivel de vida	Realización personal
Producto	Alimento	Maquinaria	Ideas
Recurso	Tierra	Capital	Conocimiento-información
Rol estratégico	Agricultor	Empleado	Emprendedor
Estructura organización	Granja-peine (amo-señorito)	Corporación (funcional-divisional-matricial)	Malla-red (equipos alto rendimiento)

La progresiva complejidad de las organizaciones pone de relieve, cada vez más, la importancia de la comunicación y del trabajo en equipo.

EL PAPEL DE LA COMUNICACIÓN

La comunicación juega un papel fundamental en las relaciones interpersonales. Las mejoras en esta área revierten directamente en la mayor calidad del trabajo en equipo, de igual modo que los fallos y errores en la comunicación pueden dificultarlo y ser una fuente importante de conflictos.

La comunicación supone la transmisión de señales mediante un código común al emisor y al receptor. Generalmente es un proceso bidireccional, en el que ambas partes pueden transmitir y recibir información. En una comunicación ideal se lograría crear en la mente del receptor una especie de copia o duplicado de la imagen mental del emisor.

La interacción entre las personas se ve especialmente favorecida cuando éstas comparten y tienen cosas en común. La identificación entre los individuos en cuanto a ideas, emociones o conductas contribuye a facilitar la relación, la compenetración, la transmisión de ideas y el acuerdo en la negociación.

La información se puede compartir en diferentes niveles, de modo que podemos comunicar:

- percepciones,
- pensamientos,

- sentimientos,
- intenciones,
- acciones.

En el proceso de comunicación hay una serie de ***filtros, barreras, ruidos e interferencias*** que la dificultan, provocando pérdidas de información y distorsionando el mensaje. Entre las principales barreras que afectan negativamente a la comunicación interpersonal podemos citar las siguientes:

- exceso de información,
- prejuicios y estereotipos,
- inadecuación al contexto,
- dificultad para expresar,
- dificultad para escuchar,
- utilización de tecnicismos,
- interrupciones,
- manifestación de reacciones emocionales,
- comunicación unidireccional,
- monopolio de la comunicación,
- sobregeneralización,
- dicotomización en extremos opuestos,
- precipitación o lentitud en la expresión,
- miedo a parecer inculto,
- comunicación subjetiva,
- selectividad negativa,
- tendencia a polemizar,
- actitud hipercrítica,
- malos entendidos,
- falta de preparación y estructuración del contenido,
- negación sistemática,
- exceso de eslabones en la cadena de comunicación,
- dificultad para ponerse en el lugar del otro.

La *sobregeneralización* se refiere al uso de términos que hacen una excesiva abstracción de lo que es común y esencial a un gran número de cosas, dando por hecho que puede ser aplicable a todas sin excepción. Fundamentalmente se observa en la utilización de expresiones del tipo:

- ✎ todo / nada,
- ✎ siempre / nunca,
- ✎ todos / ninguno.

Por su parte, la *dicotomización* se produce cuando el discurso plantea sólo las opciones bipolares de lo que es, en realidad, un continuo. Así, se utilizarían expresiones del tipo:

- ✎ bien / mal,
- ✎ bueno / malo,
- ✎ conmigo / contra mí.

En la comunicación las partes que intervienen son a la vez emisoras y receptoras de información. Gracias a la reacción o respuesta del receptor, podemos ir regulando el ciclo de comunicación, evitando posibles distorsiones y reajustando el proceso para asegurar la eficacia. Esta comunicación de retorno es conocida como ***retroalimentación o feedback.*** Es especialmente útil para evaluar y realizar el seguimiento de la evolución de trabajos y proyectos.

Es más eficaz el *feedback:*

- ✎ *basado en la escucha,* preguntando, obteniendo previamente información,
- ✎ *específico,* concreto, evitando las generalizaciones,
- ✎ *descriptivo, objetivo, neutro,* intentando no evaluar ni hacer valoraciones del tipo «eres...»,
- ✎ *directo,* que evita que la información llegue a través de otros canales u otras personas,
- ✎ *inmediato,* no demorado, y centrado en el presente,
- ✎ *solicitado,* no impuesto,
- ✎ *referido a aspectos modificables,* no a aspectos que caen fuera del control de la persona,
- ✎ *positivo,* que pretende ayudar, no herir o criticar,
- ✎ *dejando elegir,* ofreciendo alternativas.

Las críticas realizadas de forma inadecuada pueden acabar minando el trabajo en equipo. El *feedback* y la *crítica eficaz* requieren tacto. Al emitir un juicio crítico debemos buscar que sea:

- *oportuno,* evitando emitirlo cuando es innecesario, extemporáneo o contraproducente,
- *argumentado,* primando la objetividad en la descripción,
- *dirigido a la tarea, al proceso o al resultado,* pero no a la persona,
- *racional* antes que emocional,
- *realizado en un contexto horizontal.* La evaluación en contextos jerárquicos más verticales suele asociarse más a la defensa ante posibles consecuencias negativas que a generar cambios o a producir mejoras reales.

Gran parte del flujo de comunicación en los equipos de trabajo se origina y se regula a través de las preguntas. Preguntar es dirigir. La formulación de *preguntas* permite:

- iniciar una conversación o un debate,
- invitar a participar, a reflexionar, a analizar, a profundizar, a decidir,
- introducir un tema,
- cambiar de tema,
- orientar y dirigir la atención en una dirección.

En el ámbito de los equipos de trabajo el contenido de la comunicación suele dirigirse a la tarea o a las relaciones interpersonales entre los miembros del grupo. El grupo debe permitir no sólo el intercambio de información referida a su trabajo como tal, sino también la expresión de contenidos más personales, emocionales y subjetivos. Este tipo de comunicación suele ocupar un segundo plano, con un porcentaje muy inferior respecto a la primera, pero su influencia puede resultar muy significativa.

La comunicación dentro del grupo tiene muy diversos objetivos: formar, informar, persuadir, convencer, vender, entretener, motivar... Pero, sea cual sea el objetivo, básicamente deberá responder a tres condiciones esenciales: *claridad, armonía y escucha.*

Condiciones de la comunicación eficaz

CLARIDAD + ARMONÍA + ESCUCHA

La claridad es una condición generalmente buscada de forma voluntaria cuando alguien intenta comunicar algo a los demás. La escucha atenta es la clave para establecer un diálogo eficaz. Sin embargo, y muy especialmente en el trabajo en equipo, es importante lograr la armonía y el mantenimiento de buenas relaciones entre los diferentes miembros que participan en el grupo.

LAS MOTIVACIONES

La conducta del ser humano se explica a partir de las motivaciones. Detrás de cada conducta hay un motivo, y tras éste hay una necesidad.

Entendemos por motivación la fuerza impulsora y mantenedora de conductas que mueven al organismo hacia un objeto o condición que satisface una necesidad. La percepción de la necesidad por parte del sujeto resulta ser un elemento clave. ¿Por qué habría de movilizarse un organismo para conseguir algo de lo que no siente previamente necesidad alguna?

La jerarquía de necesidades planteada por A. Maslow contempla una serie de motivaciones cuya satisfacción va produciéndose en orden jerárquico: desde las más básicas, de supervivencia y seguridad, pasando por las sociales, de pertenencia y reconocimiento, hasta las más personales, como la necesidad de autorrealización, ampliada posteriormente con la necesidad de pervivencia:

- ✎ **Supervivencia:** satisfacción de las necesidades básicas, más fisiológicas.
- ✎ **Seguridad:** búsqueda de estabilidad y seguridad personal.
- ✎ **Pertenencia:** integración y participación social.
- ✎ **Reconocimiento:** estima y valoración.
- ✎ **Autorrealización:** desarrollo personal.
- ✎ **Pervivencia:** trascender, perdurar a través de su obra.

En lo referente al trabajo en equipo las necesidades fundamentales son la pertenencia y el reconocimiento. Los individuos sienten diferentes motivos que les vinculan a los grupos: la atracción hacia los objetivos colectivos comunes, la atracción interpersonal hacia los demás miembros, la participación en las actividades y tareas grupales, o el deseo de pertenencia e integración en el grupo.

Jerarquía de necesidades, basada en A. Maslow

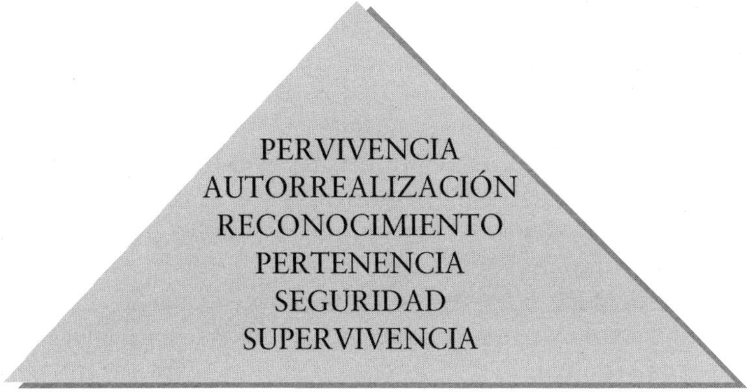

Las motivaciones referidas al grupo pueden clasificarse según las diversas necesidades a las que responden:

1. ***Social:*** la necesidad de pertenecer, de integrarse socialmente, ocupar un lugar en el grupo, ser valorado y considerado por los demás y tener reconocimiento. Es una motivación básica del ser humano.
2. ***Estímulo:*** el ser humano está ávido de estimulación, de retos, actividades, variedad y novedad. El grupo y sus actividades brindan al individuo una excelente oportunidad para nutrirse de un gran número de estímulos.
3. ***Aprendizaje:*** muy ligada a la necesidad de estímulo está la de adquirir conocimientos, satisfacer la curiosidad, descubrir, conocer, resolver, explorar. A través de la interacción, y con el apoyo del lenguaje, el individuo aprende en el grupo y, a su vez, contribuye al aprendizaje de los demás.
4. ***Poder:*** vinculada a la necesidad de control sobre la realidad está también la necesidad de poder; en el grupo equivale al deseo de ejercer cierto grado de influencia sobre las decisiones y sobre la conducta de los demás. El poder ejercido de forma vertical y excesivamente concentrado en alguno o algunos de los miembros del grupo resta posibilidades al resto de satisfacer esa misma necesidad, lo que sí se lograría a través de un reparto de poder más distribuido y horizontal.
5. ***Seguridad:*** el grupo puede aportar al individuo seguridad y estabilidad, ya que defiende y ampara a sus miembros. El ser

humano necesita sentirse protegido, a salvo de incertidumbres, riesgos, ataques y peligros. La seguridad aporta al sujeto tranquilidad, reduce su nivel de ansiedad y libera energía para dirigirla en otras direcciones, como la tarea, por ejemplo. Sin embargo, también restringe la asunción de riesgos por parte de muchos individuos que preservan más su seguridad sumidos en el anonimato, sin participar activamente, sin ser evaluados. Otros miembros incrementan su necesidad de poder dentro del grupo como medio para garantizar su seguridad personal en el mismo.

6. ***Identidad:*** cada ser humano es único y se descubre a sí mismo en su comparación con los demás, en la percepción de sus similitudes y diferencias con el resto de las personas. Cuando nos relacionamos con los demás solemos reafirmar nuestra propia identidad a través de nuestra forma de pensar, de hablar y de actuar. La búsqueda exagerada de la identidad personal a partir del énfasis en las diferencias puede llevar al grupo a la paralización y a la ruptura. Si esa identidad se busca a través de las similitudes todos los miembros del grupo pueden acabar vestidos prácticamente con el mismo «uniforme». La búsqueda razonable tanto de similitudes como de diferencias aporta identidad al individuo dentro del grupo.
7. ***Emoción:*** el grupo no sólo resuelve tareas sino que también satisface necesidades emocionales de sus miembros. Las relaciones afectivas, de amistad y de apoyo emocional también forman parte consustancial del grupo: sentirse apreciado y querido, profundizar y estrechar lazos en una relación personal. El grupo debe dar cabida a la expresión emocional. Alegrías y tristezas son elementos que también se comparten. Son bastante conocidos los efectos beneficiosos del humor para la salud tanto del individuo como del grupo.
8. ***Autorrealización:*** el ser humano necesita sentir que aquello que hace le ayuda a realizarse como persona, sentir que aporta, que contribuye a crear y a construir, y ver que cumple sus objetivos y que lo que hace es útil. Necesita disfrutar con lo que hace, poder aplicar su iniciativa y desarrollar su creatividad, personalizar su trabajo e introducir variedad, y disponer de cierto margen para decidir libremente, para cambiar y mejorar. Gran parte del desarrollo personal del

individuo se realiza en contacto con los demás. El grupo puede aportar ese margen de libertad y esa sensación de utilidad, aunque en el trabajo en equipo esto a veces no suele resultar inmediato, sino que se requiere un cierto tiempo hasta ver resultados.

9. ***Participación:*** se trata de una condición esencial que de forma sistemática contribuye a elevar de forma eficaz la moral en los equipos de trabajo. La mayor o menor necesidad y posibilidad de participación se observa en el grado de intervención de los individuos en los asuntos que atañen al grupo. Es una herramienta indispensable, y una de las claves indiscutibles del éxito del trabajo en equipo y de la dinámica de los grupos. Los efectos de la participación activa de todos los miembros son especialmente beneficiosos para el trabajo en grupo:

   - eleva la moral,
   - reduce el absentismo,
   - aumenta el interés y la implicación personal con los objetivos,
   - reduce sensiblemente la resistencia a los cambios,
   - genera un mayor compromiso con las decisiones que se adoptan,
   - contribuye a obtener una mayor productividad individual y de grupo.

La clave del trabajo en equipo

¡PARTICIPACIÓN!

A la vez que todas estas motivaciones que hemos analizado ejercen como poderosas fuerzas de atracción, pueden igualmente ser fuente de conflicto y de rechazo hacia el grupo.

En el siguiente capítulo se estudian algunos aspectos referidos a la teoría de los grupos. Analizaremos los efectos que produce el trabajo en equipo, los diferentes tipos de grupos, diversas orientaciones teóricas y la secuencia de fases que describe la evolución del grupo en el transcurso de su desarrollo.

Para terminar, se incluye una descripción bastante exhaustiva de las características y condiciones que presentan los grupos eficaces, así como de los principales indicadores de anomia y disfunción en los grupos.

En el equipo todos somos importantes

CARTA DE RECLAMACIÓN

Muy weñorew míow:

La máquina de ewcribir que uwtedew me vendieron no funciona bien. Creo que le falta una letra, pero no puedo waber cuál ew. Wi uwtedew lo dewcubren lew agradeceré que me lo comuniquen.

En ewpera de wuw noticiaw lew waluda atentamente.

LUCAW PAWTOR

* * *

RESPUESTA A LA RECLAMACIÓN

Ewtimado weñor:

Acuwamow recibo de wu carta y now complacemow en rewponder a wu reclamación.

Mucho now worprende enterarnow que la máquina que le vendimow acuwe ewe defecto, puew como podrá comprobar, todaw won verificadaw por nuewtro departamento de «Control de Calidad» antew de walir a la venta.

Win otro particular, quedamow a wuw grataw órdenew.

W.W.W. REYEW Y CÍA. W.A.

Hace tiempo cayó en mis manos una copia de este escrito humorístico que, con algunas modificaciones y una especial interpretación personal, suelo utilizar como ejemplo en los cursos. Consiste en una carta de reclamación, junto a su correspondiente respuesta, en las que la letra «s» es sustituida sistemáticamente por una «w», como si de un error tipográfico se tratara.

El contenido del texto se puede entender con relativa facilidad, pero nos muestra, en definitiva, la importancia de todas y cada una de las teclas para alcanzar el nivel de calidad que deseamos para aquellos proyectos que emprendemos junto a otras personas.

El trabajo sale adelante gracias a la implicación y aportación de todas y cada una de las personas que participan. Es un error pensar que *«al fin y al cabo yo tan sólo soy una letra en la máquina»*. Ese argumento probablemente le quita al grupo la posibilidad de alcanzar la excelencia.

Cuando se trabaja en equipo, todos los miembros son importantes.

En el grupo nadie es demasiado pequeño.

2

TEORÍA DE GRUPOS

«La teoría es asesinada tarde o temprano por la experiencia.»

ALBERT EINSTEIN

EFECTOS DEL TRABAJO EN GRUPO

¿Qué efectos produce el trabajo en grupo en comparación con el trabajo individual? ¿Sobre qué aspectos tiene especial incidencia? ¿Compensa el incremento del tiempo empleado, considerado en minutos / persona?

Las diversas investigaciones muestran un elevado grado de acuerdo y aceptación acerca del efecto positivo que produce el trabajo en grupo en diferentes aspectos. Los equipos, con relación al trabajo individual, obtienen mejoras en áreas especialmente importantes, entre las que cabe destacar las siguientes:

- Solución de problemas.
- Creatividad.
- Toma de decisiones arriesgadas.
- Motivación.
- Aprendizaje.

La mayor eficacia del grupo en la resolución de problemas se confirma a través de los resultados de las diversas investigaciones realizadas, y se justifica a partir de varias explicaciones:

- la *suma de las contribuciones individuales*, lo que da lugar a mucha más información disponible para resolver el problema,
- el *mayor control de los errores* y el rechazo más eficaz de aquellas sugerencias que son incorrectas o de las soluciones erróneas,

- ✎ la influencia del *miembro más competente* y capacitado,
- ✎ la *mayor motivación* surgida por la propia pertenencia al grupo.

Por su parte, la toma de decisiones más arriesgadas por parte del grupo se ha explicado a partir de varios argumentos:

- ✎ en el grupo se comparte y se *diluye la responsabilidad,*
- ✎ los *sujetos que asumen más riesgo* pueden ejercer una influencia sobre el resto en esa misma dirección,
- ✎ se atribuye un cierto *valor social y cultural* a la conducta de asunción de riesgos, con lo que se potencia en el seno del grupo.

¿Cómo afecta el trabajo en grupo al aprendizaje? Una clase participativa puede producir un aprendizaje más sólido que una clase magistral o que una sesión de estudio individual. Actualmente se potencia de un modo especial el aprendizaje en grupo.

Algunas de las ventajas y beneficios del aprendizaje en pequeños grupos residen en su especial contribución en tres áreas concretas:

— ***Conocimientos:*** incrementa la adquisición de conocimientos, enriquece con otros puntos de vista, estimula la reflexión y la asimilación, facilita la memorización y consolida el aprendizaje.

— ***Habilidades:*** desarrolla la habilidad social, promueve la iniciativa y la creatividad, enseña a escuchar y contribuye al diálogo, enseña a pensar, a resolver problemas.

— ***Actitudes:*** socializa al individuo, contribuye al desarrollo personal, forma en actitudes, incentiva el sentimiento de grupo y de participación, incrementa la motivación, reemplaza la competición por cooperación.

TIPOLOGÍAS Y CLASIFICACIONES DE LOS GRUPOS

Es posible pertenecer a varios grupos, desempeñando diferentes roles y buscando objetivos también diferentes en cada uno de ellos.

Existen distintas clasificaciones de los grupos, realizadas a partir de diversos criterios. Podemos distinguir entre grupos:

Clasificación de los grupos

Informales / Formales
Abiertos / Cerrados
Pequeños / Medianos / Grandes
Homogéneos / Heterogéneos
Primarios / Secundarios
Psicogrupos / Sociogrupos
De pertenencia / De referencia

— **Informales:** surgen de forma espontánea de las interacciones entre los individuos, de su conducta real, y de las atracciones y necesidades interpersonales. Su unión está más vinculada a lazos afectivos que racionales.
— **Formales:** creados deliberadamente, como sería el caso de un comité, un departamento o una unidad de trabajo. Tienen una estructura, unos objetivos y unas normas claras y estables.

Características diferenciales de los grupos formales e informales

Grupos formales	Grupos informales
Organigrama	Estructura informal
Organización	Grupo de amigos
Normativa	Acuerdo
Planificación	Espontaneidad
Objetivos de la organización	Objetivos personales

— **Abiertos:** cuya composición puede cambiar con relativa frecuencia.
— **Cerrados:** que mantienen una cierta estabilidad en el tiempo.
— **Pequeños:** formados por un número inferior a quince personas.
— **Medianos:** con un número que puede oscilar aproximadamente entre quince y treinta personas.
— **Grandes:** integrados por más de treinta personas.

— **Homogéneos:** grupos cuyas características más destacadas son similares. Los grupos de pares son grupos de edad y composición homogéneas. El grupo constituido por una clase de alumnos es un claro ejemplo en este sentido.
— **Heterogéneos:** son grupos compuestos por individuos que presentan características diversas en diferentes criterios, como edad, sexo, nivel cultural, formación, experiencia, personalidad, etc.
— **Primarios:** la distinción de este tipo de grupos fue realizada originalmente por Charles H. Cooley. En los grupos primarios, como la familia o el grupo de amigos, sus miembros se relacionan directamente. Su relación suele durar en el tiempo y muestran un alto grado de cohesión, cooperación íntima e identificación con el grupo. Están integrados generalmente por un número reducido de individuos que se comunican cara a cara. Eso permite que todos se conozcan entre sí, que haya una alta intensidad afectiva, y que sus personalidades afloren de forma espontánea y estén claramente diferenciadas. De este modo, los grupos primarios ejercen una poderosa influencia en la construcción del «yo social», de la imagen social del individuo tal y como cree ser percibido por los demás.
— **Secundarios:** sus miembros se relacionan indirectamente. Pueden incluso reconocer su unidad a través de la utilización de símbolos como banderas, distintivos o logotipos. El carácter de las relaciones es más impersonal y anónimo, bien porque su estructura suele ser más formal o porque habitualmente su número de miembros es mayor.

Características diferenciales de los grupos primarios y secundarios

Grupos primarios	Grupos secundarios
Familia, pandilla de amigos	Institución o empresa
Socialización primaria, yo social	Socialización secundaria
Relación personal cara a cara	Relaciones más impersonales
Intensidad afectiva	Relaciones formales
Número reducido de miembros	Número grande de miembros
Relación directa	Relación indirecta
Expresión de la personalidad	Reserva, distanciamiento
Todos se conocen	Se conocen algunos

La distinción entre psicogrupo y sociogrupo que hacen algunos autores es prácticamente similar a la diferenciación que hemos establecido entre grupos primarios y secundarios.

— **Psicogrupos:** los psicogrupos se caracterizan por su estructura informal, los fuertes lazos afectivos entre sus miembros, unas relaciones muy individualizadas y personalizadas, y el seguimiento de unas normas fluidas, elaboradas y aceptadas por todos. Sus integrantes son insustituibles. Es el caso de un grupo de amigos, por ejemplo.
— **Sociogrupos:** un ejemplo claro de sociogrupo es la empresa. Se rige por una serie de normas establecidas de forma clara y por escrito. Sus miembros pueden ser sustituidos. Las relaciones están basadas en la función que desempeña cada uno y no en su afinidad, amistad o simpatía. Su estructura es formal, relativamente estable, y se suele representar en un organigrama.
— **De pertenencia:** es el grupo al que pertenece el individuo, del que es miembro.
— **De referencia:** es aquel con cuyos valores y objetivos el individuo se siente identificado, y al que desearía incorporarse y pertenecer realmente. R. K. Merton señaló que el comportamiento del individuo suele responder a las normas de conducta del grupo de referencia, aun cuando no pertenezca realmente a dicho grupo.

En ocasiones no hay una clara diferenciación entre los distintos tipos de grupos que se han descrito. Por ejemplo, sociogrupo y psicogrupo constituyen en realidad un continuo, apareciendo juntos con relativa frecuencia. Las estructuras formal e informal características de cada uno de ellos pueden coincidir, generando una comunicación abierta y satisfactoria, con el consiguiente alto grado de cohesión, integración y eficacia. Sin embargo, cuando ambas estructuras entran en contradicción suele romperse la armonía en las relaciones, lo que genera un mantenimiento mínimo de relaciones de cara a la consecución de los objetivos, o se llega a un punto en que la alta subjetividad interfiere en las relaciones puramente objetivas, hasta el punto de paralizar al grupo, que suele terminar por disolverse.

ORIENTACIONES TEÓRICAS

Los grupos han sido estudiados, analizados y descritos desde diferentes perspectivas y orientaciones teóricas. Veamos de forma resumida las principales aportaciones realizadas por algunas de las teorías más destacadas:

— **Teoría de Sistemas:** La orientación sistémica desarrollada por D. C. Dunphy centra su atención en el sistema como tal, en su conjunto, y no en sus componentes tomados de forma aislada. Todas las partes del sistema se influyen entre sí: sus elementos, su composición, su estructura, su dinámica, sus motivaciones, etc. Pero, además, el grupo humano configura un sistema abierto y permeable, que entabla intercambios con el entorno: de energía, de productos, de recursos. Ese sistema se autorregula y tiende a la homeóstasis, es decir, al mantenimiento de una relativa constancia, equilibrio y estabilidad en la composición y propiedades de su medio interno.

— **Teoría del Campo:** Formulada por K. Lewin, entiende la conducta como resultado de un campo dinámico de fuerzas interdependientes que se influyen mutuamente hasta lograr un cierto equilibrio óptimo que, sin embargo, no llega a ser definitivo. El comportamiento individual no se explica tanto a partir de la voluntad propia del individuo sino como resultado de la acción dinámica del conjunto de fuerzas que interactúan. La conducta del grupo tampoco se explica a partir de sus componentes, sino desde el conjunto de interacciones entre todos los elementos que confluyen en determinada situación. Así, ese conjunto de fuerzas atrae o repele a los individuos hacia el grupo, determinando, por ejemplo, el grado de cohesión.

— **Teoría de la Gestalt:** Estudia y analiza los grupos sociales a partir de una serie de principios relativos a la organización perceptiva. Si atendemos a algunos criterios específicos, determinados objetos o elementos de nuestro entorno parecen tener más consistencia que otros, siendo percibidos como unidades: el aparente «destino común» de los elementos que la integran cuando se mueven juntos en la misma dirección, la «semejanza» y las similitudes entre ellos, su «proximidad» y cercanía física...

— **Teoría de las Relaciones Interpersonales Fundamentales:** La teoría fue formulada por W. C. Schutz, y aborda la compatibilidad o incompatibilidad de las interacciones de los miembros en el grupo en función de sus diferentes tipos de necesidades interpersonales. Se centra en tres áreas fundamentales:

✎ *Inclusión:* necesidad de pertenencia, aprecio, prestigio.
✎ *Control:* necesidad de dominar a otros, de influir en la toma de decisiones.
✎ *Afecto:* necesidad personal, emocional, de ser amado y gustar.

En los grupos se puede observar cierto grado de complementariedad en la cantidad de intercambio afectivo, en el desempeño de determinados roles —dominante y sumiso—, en la reciprocidad de la gratificación y satisfacción de las necesidades de las otras personas. Los grupos más compatibles en este sentido son más eficientes que los menos compatibles.

Necesidades interpersonales. W. C. Schutz

Necesidades	Tipos		
Inclusión	Insociable	Sociable	Supersociable
Control	Autócrata	Demócrata	Sumiso
Afecto	Sobrepersonal	Personal	Contrapersonal

— **Teoría de la Productividad:** Fue desarrollada por I. D. Steiner. Centra su atención en la productividad efectiva o real del grupo. Maneja conceptos como:

✎ *Productividad efectiva:* productividad real del grupo.
✎ *Productividad potencial:* aquello que el grupo es capaz de hacer.
✎ *Pérdidas:* mermas debidas a las deficiencias de un proceso erróneo, por ejemplo motivadas por malentendidos, incompatibilidades personales o excesiva competitividad.

✎ *Ganancias:* beneficios debidos a la sinergia y al propio proceso del grupo, en el sentido de que la conducta de uno supone un estímulo para la conducta de los demás.

La productividad efectiva es el resultado de restar a su productividad potencial aquellas pérdidas debidas a los procesos erróneos, y de sumarle a su vez las ganancias debidas al proceso grupal.

Productividad efectiva
=
Productividad potencial
−
Pérdidas debidas a un proceso erróneo
+
Ganancias debidas al proceso del grupo

La productividad también depende de variables como el tipo de tarea. Se observan diferencias, por ejemplo, entre tareas disyuntivas, del tipo de elección entre alternativas, y tareas conjuntivas, en las que cada miembro debe realizar esencialmente la misma función. En las primeras, la productividad potencial depende del miembro más competente, mientras en las segundas depende del miembro menos competente.

FASES EN LA EVOLUCIÓN DEL GRUPO

Desde su nacimiento, los grupos evolucionan siguiendo una serie de tendencias y van pasando por etapas diversas. Éstas suelen describir en general la misma secuencia, aunque pueden variar a partir de cambios tanto internos como externos al grupo.

Entre las *tendencias evolutivas* más habituales destacan las siguientes:

— **Clarificación de objetivos:** en el curso de su evolución el grupo recibe fuertes influencias, tanto internas como externas, y su sentido original, la dirección en la que caminaba el grupo desde su origen, puede variar e ir clarificándose en el curso de su funcionamiento. Bien sea por voluntad del propio grupo o bien por las demandas de la realidad, sus objetivos originales pueden ser desviados, revisados, cambiados, ampliados, o incluso eliminados. La meta que originalmente perseguía el grupo puede variar, pero, en cualquier caso, se clarifica progresivamente.

Dinámica de los grupos.
El grupo no se mueve en línea recta

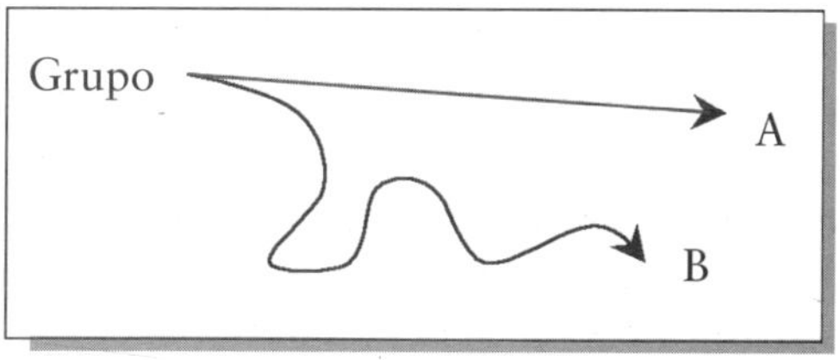

— **Establecimiento de normas:** se van creando progresivamente pautas de actuación, de forma tanto explícita como implícita, sobre lo que es correcto en el ámbito del grupo y lo que no lo es. Los miembros que crean y componen originalmente el grupo suelen protagonizar el establecimiento de estas normas y se adhieren a ellas de forma más firme. Las nuevas personas que van ingresando y que se incorporan al grupo con posterioridad, al no haber participado directamente en el establecimiento de muchas normas, pueden no entender bien su origen y sentirlas como ajenas o impuestas.
— **Desarrollo progresivo de la estructura:** la estructura se va haciendo progresivamente más compleja según evoluciona el grupo. De la indiferenciación inicial entre todos sus integrantes se pasa a la departamentalización y a la progresiva diferenciación. En general, las estructuras tienden a verticalizarse, poniéndose especialmente el acento en alcanzar y mantener determinadas cotas de poder. Las progresivas subdivisiones y coaliciones pueden ser resultado principalmente del crecimiento cuantitativo del grupo, de la ampliación y mayor complejidad de la tarea, y de la progresiva resolución o enquistamiento de los conflictos que van surgiendo. Si el grupo

nace ya con una estructura formal predeterminada, irá entonces avanzando en el desarrollo de una estructura informal que surgirá como producto de las atracciones personales y de las interacciones informales entre sus miembros.

— **Normalización de procedimientos:** el grupo va creciendo en experiencia y ahorra mucha energía en tener que pensar y rediseñar una y otra vez cómo hacer las tareas de rutina. Se van desarrollando y creando hábitos y automatismos que permiten al grupo aplicar más energía en otras actividades, como por ejemplo en innovar. Por otra parte, el grupo corre cierto riesgo de sufrir una excesiva normalización en sus esquemas de trabajo, lo que puede hacerle menos ágil y más rígido, aumentando su dificultad para adaptarse a las modificaciones que normalmente el entorno cambiante suele imponer.

— **Tendencia a la especialización:** los miembros del grupo se van especializando progresivamente en aquellas tareas que realizan; adquieren más conocimientos sobre las mismas, más habilidad en su ejecución, y también mayor criterio para ir mejorándolas, para innovar y para resolver los problemas y retos que puedan ir planteándose.

— **Necesidad de coordinación:** el crecimiento de la complejidad en cuanto a objetivos, tareas, estructura y tamaño del grupo, entre otras variables, hace necesaria una mayor coordinación entre todos los elementos que integran el grupo. La necesidad de coordinarse también es producto de la creciente especialización. La coordinación evita los desajustes que una progresiva departamentalización podría originar.

— **Desarrollo de una cultura propia del grupo:** a partir de su dinámica y de sus interacciones, el grupo va creando progresivamente su propia cultura. Poco a poco, como producto del aprendizaje y de su mayor experiencia como equipo, se van estableciendo y acordando formas de hacer, se comparten actitudes y se utiliza un vocabulario común. La inteligencia del grupo, su «saber hacer», queda registrado en sus archivos, en sus productos, en la memoria de los individuos, pero principalmente queda reflejado en su forma de pensar, de actuar y de expresarse, y también en sus resultados.

— **Identificación con el grupo:** el grado de identificación de los individuos con el grupo va creciendo. Puede observarse en la mayor frecuencia en las comunicaciones entre sus miembros, en el uso de determinadas expresiones referidas al propio grupo, por ejemplo en la utilización del «nosotros», y en los comportamientos de sus miembros.

Todas estas tendencias interactúan entre sí. Hemos visto que en los grupos se asignan y distribuyen entre sus miembros las funciones a realizar. Cada persona tiende a especializarse en unas determinadas tareas, lo que a su vez se traduce generalmente en una lucha más o menos encubierta para conquistar aquellos contenidos que llevan asociado un mayor prestigio. La *categoría* será más elevada para aquellas funciones que el grupo juzga más valiosas, circunstancia que llevará asociada también una relación personal más intensa y una mayor consideración. Las categorías inferiores se asignan a las tareas menos agradables y peor recompensadas. Los miembros que las desempeñan pueden sentirse menos reconocidos y motivados.

Además de las tendencias descritas, los grupos experimentan desde su nacimiento un desarrollo progresivo y una evolución relativamente estandarizada. Tuckman describió una secuencia que contempla varias fases claramente diferenciadas en la evolución del grupo:

1. **Fase de Formación:** se trata de un período inicial, más individualista, de miedo y desconfianza; los individuos no se conocen aún, y avanzan progresivamente en el necesario conocimiento mutuo. Es una fase de tanteo, de análisis de la situación, de búsqueda de orientación, información y apoyo, de dependencia, de participación vacilante. Los miembros intentan identificar la tarea en relación con sus propias experiencias y expectativas. Durante esta fase se elaboran y aceptan las reglas, y se establecen métodos de trabajo adecuados.
2. **Fase de Conflicto:** es una etapa de inestabilidad, de conflictos entre subgrupos, de opiniones contrapuestas, de rebelión contra el líder. Se producen luchas internas para lograr determinados puestos dentro del grupo, desempeñar determinados roles y encargarse de determinadas funciones.
3. **Fase de Estructuración:** durante esta fase el grupo va progresivamente estableciendo normas y clarificando su estructura, experimentando, resolviendo los conflictos iniciales y ampliando su confianza en los demás. Aumenta la cohesión, la cooperación, el sentimiento de pertenencia y la identifica-

ción con el grupo. Se forman subgrupos, se distribuyen papeles y se avanza en la progresiva personalización de cada individuo.

4. **Fase de Desarrollo:** esta etapa representa el estadio de madurez del grupo, que vuelca sus esfuerzos en la tarea, en resolver problemas, en encontrar alternativas y en proponer mejoras. Se desarrolla un elevado grado de colaboración, cohesión y atracción hacia el grupo. Se da prioridad al «nosotros» grupal frente al «yo» individual. Los miembros desarrollan un sentido crítico claro y abierto respecto a las tareas, lo que asegura también una alta eficacia en el desempeño.
5. **Fase de Clausura:** en esta última fase, el grupo, una vez alcanzados sus objetivos iniciales, o bien se plantea otros nuevos en los que seguir avanzando, o bien termina su actividad como grupo y, finalmente, se deshace como tal.

Durante el propio trabajo en grupo también se puede hablar de varios momentos especialmente diferenciados. Hay una primera fase de *discusión,* donde se ponen en común y debaten propuestas. En una segunda fase se *toman las decisiones.* Finalmente, el grupo procede a la puesta en marcha, a la *ejecución* de lo proyectado y a su *evaluación* posterior.

Cuando se trata, por ejemplo, de resolver problemas, los miembros del grupo realizan una primera fase de orientación o exploración, poniendo a disposición del grupo la información de que disponen y que es pertinente para la decisión grupal. En una segunda fase, a partir de dicha información y de sus diferentes valores e intereses, los miembros evalúan y juzgan la información y estudian las posibles alternativas de solución.

GRUPOS EFICACES

¿Qué es un grupo eficaz? En líneas generales podemos afirmar que un grupo eficaz es aquel que «se cree lo que hace», que tiene claro su sentido, ve su utilidad y sabe que colectivamente puede lograr mejor sus objetivos.

Podemos hablar de toda una serie de características y condiciones diversas que son propias de los *equipos de alto rendimiento.*

En general, el grupo eficaz:

- se nutre de la diversidad y *heterogeneidad* de las personas que lo integran,
- sus miembros se *relacionan* e interactúan convenientemente, con la frecuencia necesaria,
- tiene una *comunicación* fluida, libre y espontánea, que fomenta el diálogo, la escucha y el conocimiento de los diferentes puntos de vista,
- trabaja para alcanzar *objetivos* comunes, formulados con claridad, con la participación e implicación de todos,
- establece *normas* de funcionamiento claras y razonables, que son conocidas y aplicadas,
- sus miembros conocen, comprenden y aceptan las *tareas* del grupo,
- realizan de forma *colectiva* las tareas que conducen al objetivo para el que fue creado, trabajando unidos cuando es preciso,
- sus relaciones e interacciones parten de la *confianza* mutua,
- aprovecha la *delegación* y el reparto de esfuerzos, contribuyendo a que todos se sientan involucrados en el proyecto,
- tiene *procedimientos* claros, pero flexibles, que le ayudan a alcanzar los objetivos,
- tiene un *liderazgo* distribuido, en el que todos pueden participar e intervenir de algún modo,
- las discrepancias, diferencias y desacuerdos se pueden manifestar de forma *amistosa*, sin hostilidad,
- busca el consenso en la mayoría de las *decisiones* que toma, evitando la polarización en bandos,
- las actividades y resultados de sus miembros son objeto de valoración, *reconocimiento* y aprecio,
- la moral y *motivación* de los miembros es alta,
- genera un *clima* que atenúa posibles coerciones, tensión, temor, timidez, inhibición; trabaja en una atmósfera relajada e informal,
- aúna el *bienestar* de sus miembros y el del grupo en su conjunto,
- tiene un alto grado de *participación* por parte de todos sus miembros,
- fomenta la *cooperación* sobre la competición, al tiempo que aprovecha también los efectos positivos que para el grupo puede tener una competición sana y razonable,

- aprovecha la potenciación, la complementariedad y la *sinergia* del grupo,
- realiza una *evaluación* permanente de su evolución y logro de objetivos,
- recibe y comparte *información* fluida, precisa y suficiente, sobre los aspectos que atañen a su actividad,
- obtiene buenos *resultados,*
- amplía su *formación* y continúa aprendiendo,
- sus miembros se sienten parte del grupo, y manifiestan con orgullo su *pertenencia* al mismo.

Para garantizar la eficacia del grupo, las *tareas y actividades* que éste realiza deben ser:

- *coherentes* con la razón de ser del grupo,
- *necesarias* de cara al logro de sus objetivos,
- *revisadas,* para analizar qué tareas faltan o sobran,
- *eliminadas o reducidas* en lo posible, cuando se trata de tareas innecesarias, burocráticas o duplicadas,
- *cotejadas* y comparadas con los resultados obtenidos realmente.

DISFUNCIÓN EN EL GRUPO

El bienestar es una condición necesaria para garantizar el desarrollo y la eficacia del grupo. La sensación de malestar en el seno del equipo de trabajo le resta energía, y afecta de lleno a su dinámica y a sus resultados.

Cuando un grupo no marcha bien los síntomas de disfunción en el mismo resultan evidentes:

- Conflictos.
- Excesiva competitividad.
- Desconfianza.
- Malestar.
- Agresividad.
- Escasa interacción.
- Inseguridad.
- Ineficacia.
- Inhibición.

- Dejación.
- Pérdida de iniciativa.
- Pasividad.
- Quejas.
- Sesgo perceptivo.
- Negatividad.
- Actitud hipercrítica.
- Búsqueda de culpables.
- Baja autoestima.
- Desmotivación.

Muchos grupos están paralizados por el miedo. Sus integrantes sienten miedo al rechazo, a ser ignorados, a equivocarse o a «no dar la talla», a las posibles consecuencias, o a ser evaluados negativamente. Pero el miedo es tan sólo una de las muchas causas que pueden dar origen al malestar en el grupo.

Las patologías del grupo pueden tener su origen en aspectos referidos a las relaciones interpersonales, a la estructura del grupo o a la propia dinámica de trabajo. Con frecuencia las causas son diversas e interactúan y se influyen mutuamente.

Veamos algunas de las principales *causas de disfunción en el grupo:*

- Pérdida, desconocimiento o confusión de objetivos.
- Falta de información sobre la evolución y los resultados.
- Errores y deficiencias en la comunicación.
- Baja cohesión.
- Conflictos enquistados.
- Cambios en la composición del grupo.
- Cambios en la estructura.
- Exceso de autoritarismo.
- Luchas por el poder.
- Sentimiento de escaso control o influencia.
- Indefinición de funciones.
- Solapamiento de funciones.
- Cambios en las funciones.
- Excesiva complejidad de la tarea.
- Resultados negativos, fracasos.
- Influencia de personas «quemadas» que contagian al resto.

Nos detendremos a analizar algunos de estos aspectos cuando abordemos el tema de los conflictos en los equipos de trabajo.

En el siguiente capítulo centraremos nuestra atención en la estructura y la composición del grupo. Analizaremos algunas variables como el tamaño del grupo, los sistemas de comunicación y la cohesión. Veremos también la influencia que tienen aspectos como la distribución espacial del grupo, la heterogeneidad, así como los comportamientos más habituales que se observan en los grupos y que marcan su dinámica e interacción.

3

ESTRUCTURA Y COMPOSICIÓN

«Nadie es como otro. Ni mejor ni peor. Es otro.
Y si dos están de acuerdo es por un malentendido.»

JEAN-PAUL SARTRE

ASPECTOS ESTRUCTURALES DE LOS GRUPOS

Hay una serie de elementos que marcan las líneas maestras de la estructura de los grupos. Entre estos aspectos se encuentran los *objetivos,* los *medios* para alcanzarlos, las *normas* de funcionamiento, los *métodos* de trabajo, el *sistema de comunicaciones* y el estilo y reparto de la *autoridad.*

Cuando se hace referencia a los aspectos estructurales de los grupos, básicamente se está aludiendo a aspectos como el *estatus,* los *roles,* las *normas* y las relaciones de *poder.* En los grupos cada individuo se diferencia de los demás en dimensiones diversas y ocupa en el grupo una determinada *posición.* Las distintas posiciones dentro del grupo y las relaciones existentes entre ellas configuran la *estructura* del grupo.

- ✎ **Estatus:** se entiende por estatus el prestigio, importancia o valor que se asigna a cada posición a partir de la valoración y evaluación que realizan de la misma los miembros del grupo.
- ✎ **Rol:** es el papel que se desempeña, el conjunto de conductas asociadas o vinculadas con determinada posición, que a su vez interactúa con las características personales de la persona que lo desempeña.
- ✎ **Normas:** son el conjunto de reglas establecidas por el grupo en las que se especifican las conductas aceptables para éste.

Al hablar de rol se suele diferenciar entre *rol esperado,* rol percibido y rol ejercido. El primero se deriva de las expectativas del grupo acerca del papel que éste estima que debería desempeñar quien ocupe esa posición. El *rol percibido* es producto de la interpretación que realiza la persona que ocupa esa posición. Finalmente, el *rol ejercido* es el que realmente se está desempeñando y poniendo en práctica, la conducta real que está mostrando la persona.

Las personas pueden pertenecer a varios grupos: familiar, académico, social, laboral, deportivo, político, religioso. Cuando se forma parte de grupos diferentes se desempeñan también roles diferentes. Se pueden realizar las funciones de padre de familia, responsable del departamento de seguridad en la empresa, y jugador del equipo de baloncesto.

Normalmente las conductas asociadas a cada una de esas posiciones no suelen ser incompatibles, pero en algunos casos se produce *conflicto de roles*, lo que normalmente se resuelve desempeñando el rol del grupo que más atrae a la persona.

Dentro del grupo se pueden desempeñar roles muy diversos. Éstos pueden orientarse por un lado a la tarea u objetivo principal del grupo y, por otro, al desarrollo y mantenimiento del propio grupo.

Veamos, de forma sintética, una clasificación de los principales tipos de roles y algunas de sus características más destacables:

Roles dirigidos a la tarea

Iniciador	Ofrece ideas, alternativas, propuestas.
Coordinador	Reúne, relaciona, sintetiza y reformula las diferentes aportaciones.
Facilitador	Estimula la participación y anima a la productividad del grupo.
Interrogador	Pregunta, solicita aclaraciones.
Informador	Aporta información, datos, experiencias.
Crítico-evaluador	Critica, enjuicia, cuestiona, evalúa.

Roles dirigidos al desarrollo del grupo

Animador	Crea un clima positivo, de cohesión, escucha y participación.
Observador	Analiza, resume, interpreta y registra, realizando funciones de secretario.
Negociador	Recoge las diferentes posturas e intereses, busca acuerdos.
Conciliador	Busca la armonía, la mediación y el acuerdo en momentos de conflicto.

Los roles referidos a comportamientos individuales, estrechamente relacionados con la personalidad de cada individuo, los analizaremos al referirnos a la dinámica e interacción del grupo.

LA ESTRUCTURA

Los grupos pueden tener una estructura visible y aparente, más *formal,* y otra estructura más *informal* que resulta menos evidente o incluso puede quedar oculta. La estructura formal está explícitamente reconocida o formulada, mientras que la estructura informal aparece implícita en el propio funcionamiento del grupo.

La estructura puede ser más *rígida* o más *flexible,* lo que determina que tenga mayor o menor capacidad de adaptación a las necesidades que van surgiendo según evoluciona el grupo.

La estructura puede ser más *centralizada* o más *igualitaria.* En el primer caso una persona dispone de más poder o autoridad, mientras que en el segundo caso el intercambio es relativamente fácil.

Los dos tipos básicos de estructura son:

— **Estructura horizontal:** más igualitaria, con un mayor reparto de poder y de información.

— **Estructura vertical:** menos igualitaria, el poder se concentra en unas pocas personas. La información fluye, generalmente, de arriba abajo, en forma de instrucciones, aunque también puede ser ascendente, en forma de sugerencias y propuestas.

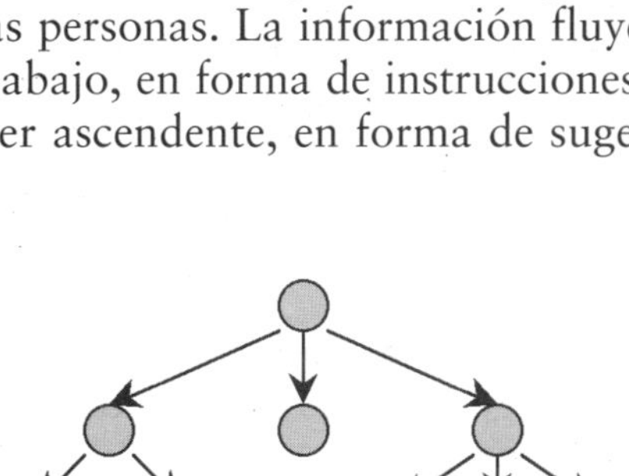

En la elección de la estructura que adopta un determinado grupo para poder funcionar influyen una serie de variables:

— *Tamaño del grupo:* un grupo con un número reducido de integrantes permite un mayor conocimiento interpersonal y una mayor influencia directa entre ellos. El número podría aumentar sin complicar excesivamente la estructura del grupo siempre y cuando la tarea sea relativamente sencilla y se rija por unas normas preestablecidas claras. En tareas más complejas y variables, un incremento del tamaño del grupo normalmente complica la estructura.
— *Medio:* si el medio en que está inserto el grupo es muy cambiante e inestable, la estructura tenderá a ser más flexible, más adaptable y menos explícita.
— *Tipo de grupo:* los grupos cerrados suelen presentar una estructura más rígida y estable. En los grupos abiertos, la entrada de nuevos miembros puede contribuir a modificar y a renovar la estructura.
— *Tarea:* cuando la tarea es más compleja y presenta más variabilidad, la estructura tiende a ser más descentralizada. En este caso, el liderazgo suele estar más distribuido, lo que evita la sobrecarga del líder y permite que todos juntos puedan responder a las demandas de la tarea de forma más eficaz a como lo haría una sola persona. Esta circunstancia hace que sea necesario un esfuerzo extra de coordinación.

FORMAS DE COORDINACIÓN

La manera en que los miembros del grupo se coordinan entre sí en el desempeño de sus cometidos puede variar sensiblemente de unos grupos a otros.

Las principales formas de coordinación son:

— **Adaptación mutua:** de forma espontánea los miembros de un grupo, generalmente con un número relativamente pequeño de personas, se ponen de acuerdo entre sí en la forma de abordar la tarea. Esta forma de coordinación surge normalmente de la propia interacción directa, que va dictando el qué y cómo hacerlo. El reparto de poder es horizontal.

Coordinación por adaptación mutua

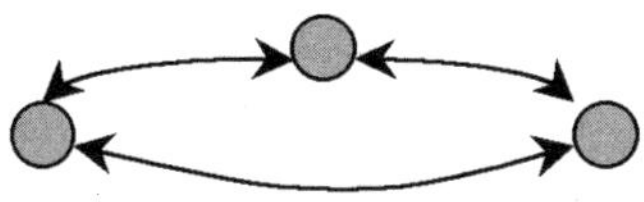

— **Supervisión directa:** es una forma de coordinación más característica de las estructuras verticales. La coordinación la realiza directamente una persona, que es la que decide y supervisa el trabajo de los demás.

Coordinación por supervisión directa

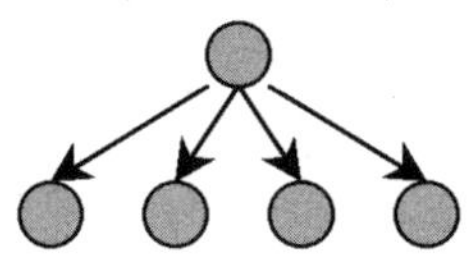

— **Funciones:** cada función y sus tareas correspondientes se adscriben a una persona. Resulta difícil realizar este tipo de coordinación si las funciones no están claramente definidas o bien delimitadas, pudiendo dar lugar a conflictos.

Coordinación por funciones

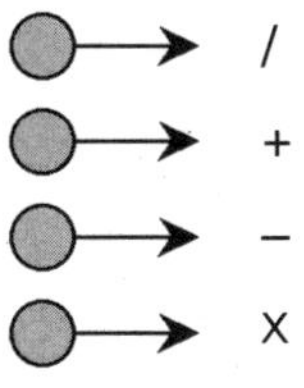

— **Especialización:** es una variante singular de la coordinación por funciones. En la especialización, cada persona realiza el trabajo para el que está más capacitado, aquel para el que dispone de los conocimientos y habilidades más adecuados. La coordinación entre especialistas resulta con frecuencia compleja. Se puede originar una excesiva departamentalización en la que cada uno se centra en su área, perdiéndose la visión de conjunto del trabajo y produciendo la consiguiente descoordinación.

Coordinación por especialización

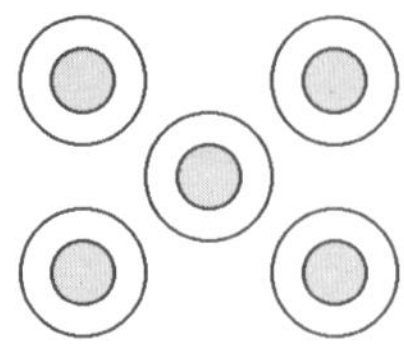

— **Procedimientos:** las actividades o procedimientos que implican cierta repetición y normalización están descritos y registrados en manuales, en normas de funcionamiento que describen y detallan con claridad todos los pasos del proceso. A través de ellas, todas las personas que intervienen saben la forma en que tienen que realizar su trabajo y los nexos del mismo con el de los demás. Los procedimientos así descritos pueden transmitirse con relativa facilidad. Sin embargo, las rutinas, hábitos, costumbres y automatismos pueden romperse cuando la tarea se vuelve más compleja o cuando surgen variantes no contempladas en el procedimiento, lo que complicaría la coordinación.

Coordinación por procedimientos

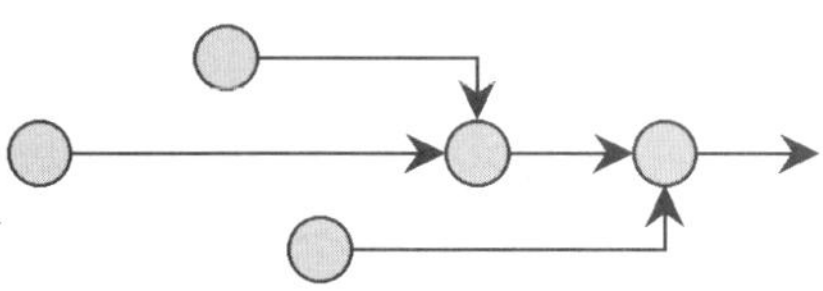

— **Resultados:** hay un acuerdo previo y una descripción clara de las especificaciones de los productos resultantes de cada una de las tareas terminadas. Las personas tienen cierto margen de libertad en la forma de realizarlos, pero saben perfectamente cuál es el producto final que deben obtener y qué características concretas debe reunir.

Coordinación por resultados

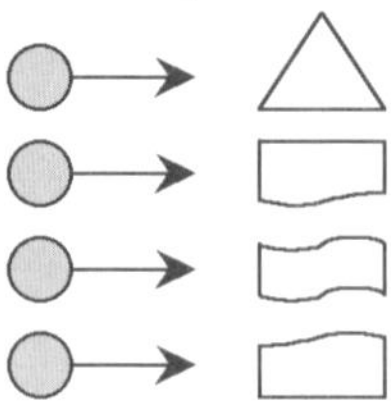

TAMAÑO DEL GRUPO

¿A qué variables afecta el tamaño del grupo? ¿Cuál es el número óptimo de personas para trabajar en equipo? Es difícil dar una cifra única, válida para cualquier grupo. El número óptimo de integrantes dependerá de aspectos tales como el tipo de tarea y su envergadura, o el perfil de los miembros.

Cuando dos personas trabajan juntas se puede desarrollar un sentimiento de reciprocidad, de cercanía y de apoyo mutuo. También puede ocurrir justo lo contrario y que surjan desavenencias entre ambos.

Los números pares pueden tener cierta limitación a la hora de resolver conflictos, debido al empate que puede producirse cuando hay dos opiniones contrapuestas.

Cuando el grupo está constituido por tres personas es posible que se produzca la alianza de dos de ellos y la exclusión del tercero. Algunos autores, entre ellos P. E. Slater, plantean que el número óptimo para el trabajo en equipo es de cinco personas.

En los grupos pequeños, como por ejemplo la familia, se produce generalmente una mayor influencia mutua entre el grupo y el individuo. Son grupos especialmente eficaces de cara a:

- la educación y *socialización* del individuo,
- el desarrollo y la estructuración de la *personalidad,*
- la búsqueda de *reciprocidad* en las interacciones,
- el *control* más directo de la conducta,
- el cambio de *actitudes* y comportamientos,
- el intercambio a nivel *afectivo.*

¿Qué ocurre a medida que aumentamos el número de personas en un grupo? Un número mayor de sujetos no garantiza por sí mismo una mayor eficacia en la solución de problemas. La investigación ha demostrado que la función describe una curva con forma de «U» invertida. Según crece el número de sujetos se incrementa la eficacia en la solución de problemas, dado que aumenta también el número de recursos disponibles, pero sólo hasta un punto en el que la eficacia empezaría a decrecer.

El incremento del número de miembros del grupo afecta en general de forma positiva y negativa a varios aspectos:

- ✎ tendencia a la creación de subgrupos,
- ✎ aumento de los problemas de organización,
- ✎ mayor probabilidad de conflictos,
- ✎ incremento de la dificultad para alcanzar el consenso,
- ✎ mayor probabilidad de aparición de un líder,
- ✎ tendencia a la concentración del liderazgo en una persona,
- ✎ mayor conformidad con los juicios de la mayoría,
- ✎ disminución de la participación,
- ✎ mayores problemas de comunicación,
- ✎ menor atracción por el grupo,
- ✎ disminución de la satisfacción de los miembros con el grupo.

Solución de problemas y tamaño del grupo

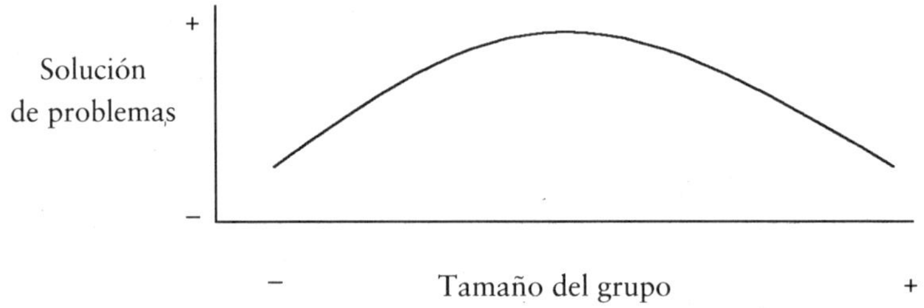

REDES DE COMUNICACIÓN

En los grupos se establecen sistemas de comunicación. Normalmente cualquiera de los miembros puede comunicarse con todos, pero también puede ocurrir que uno de los miembros ocupe una posición central, lo que le permite comunicarse con todos, aun cuando los demás puede que no tengan contacto entre sí. La disposición y el número de canales de comunicación entre los miembros son elementos importantes que influyen también en aspectos como la eficiencia, el liderazgo y el grado de satisfacción de sus miembros.

Algunas investigaciones en este sentido, realizadas por M. E. Shaw y H. J. Leavitt, han analizado y comparado dos tipos básicos de redes de comunicación:

— **Redes centralizadas:** son aquellas en las que un miembro del grupo ocupa una posición central en las comunicaciones. En este tipo de red no todos los sujetos pueden comunicarse entre sí, pero todas las comunicaciones pasan por la posición central. Los estudios realizados evidencian que la red centralizada:

✎ muestra más eficiencia en la realización de tareas simples que sólo requieren la suma de información,
✎ el miembro que ocupa la posición central puede, sin embargo, experimentar saturación o sobrecarga de comunicación, lo que podría afectar negativamente a la realización de la tarea,
✎ el que ocupa la posición central tiene mayor probabilidad de convertirse en líder, dispone de más información, tiene mayor posibilidad de coordinar las actividades del grupo y está más satisfecho con su posición.

Ejemplo de red centralizada

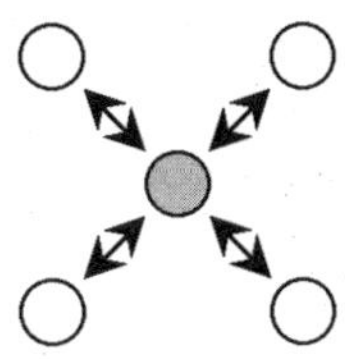

— **Redes descentralizadas:** en ellas ningún miembro ocupa una posición más central en las comunicaciones. La red más descentralizada es aquella en las que todos tienen la posibilidad de comunicarse entre sí. Se caracteriza porque en ella:

✎ la eficiencia en la solución de tareas complejas es mayor,
✎ es más eficaz a la hora de detectar y eliminar informaciones irrelevantes,
✎ los sujetos manifiestan mayor conformidad con las normas y acuerdos,
✎ los miembros se muestran más independientes y el grupo en general está más satisfecho.

Ejemplo de red descentralizada

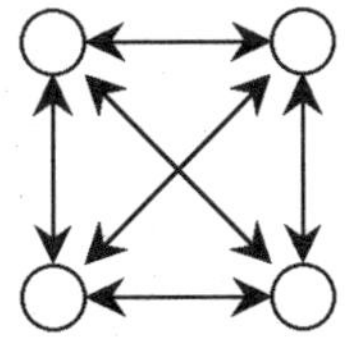

SITUACIÓN ESPACIAL Y ENTORNO FÍSICO

Algunos estudios referidos a los grupos han abordado la influencia que ejerce en ellos la disposición espacial y el entorno físico. La *distancia física* entre los miembros y la posibilidad de *contacto ocular* han sido dos variables especialmente estudiadas.

En algunas investigaciones realizadas por R. Sommer y N. F. Russo se observó cómo la situación espacial de las personas influye en las interacciones, concretamente en aspectos como la percepción del estatus, las pautas de participación, el liderazgo y las relaciones afectivas. La disposición de los asientos, por ejemplo, afecta a las interacciones entre los miembros en varios sentidos:

— *Competición:* se percibe la situación como más competitiva cuando los sujetos están enfrentados, sentados frente a frente —cara a cara o en extremos opuestos.
— *Cooperación:* la actitud de cooperación está asociada a tener al lado al compañero, manteniendo cierta proximidad —lado a lado.
— *Influencia sobre las decisiones:* las personas con mayor influencia en el grupo suelen ocupar los extremos, lo que permite que sus aportaciones lleguen más directamente a todos.
— *Liderazgo:* el líder suele ocupar la cabecera de la mesa, y, del mismo modo, el que ocupa esta posición tiende a ser percibido como líder. Esta posición permite, como hemos visto, un mayor flujo de comunicación, lo que a su vez determina también la emergencia del liderazgo.
— *Relaciones afectivas:* a mayor distancia entre dos personas, éstas eran percibidas como menos amistosas, menos conocidas y menos comunicativas.

Las distancias influyen de forma importante en las relaciones entre los miembros de un grupo. Diversos experimentos realizados en colonias de animales revelaban que, reduciendo sensiblemente el espacio físico de las mismas, se producían serias alteraciones de la conducta entre sus miembros, hasta el punto de poner en peligro la supervivencia de la propia colonia.

El «espacio personal» es el área que rodea inmediatamente al individuo y en la que tienen lugar la mayoría de sus interacciones

Disposición de asientos e interacción. R. Sommer

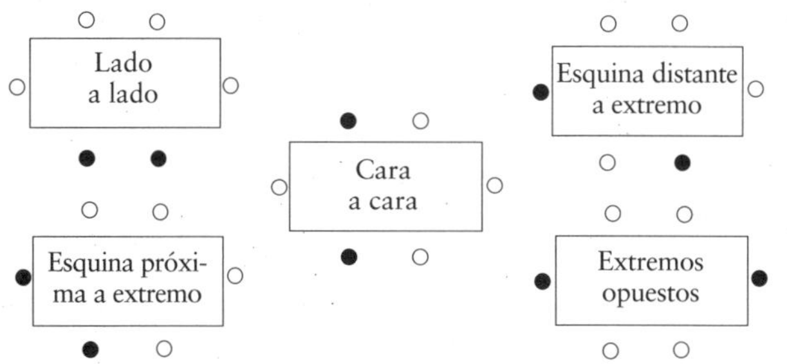

con los demás. Algunos autores realizan una distinción clara entre las distancias íntima, personal, social y pública en las relaciones interpersonales:

— Distancia íntima: la de una madre y un hijo, o la de una pareja.
— Distancia personal: cercana, en torno a medio metro, que es la distancia del saludo; o lejana, aproximadamente de un metro.
— Distancia social: cercana, hasta los dos metros; o lejana, más de dos metros, que sería la distancia con un extraño.
— Distancia pública: es la que se produce, por ejemplo, durante una conferencia.

Las investigaciones realizadas por R. Sommer en este sentido arrojaron las siguientes conclusiones:

- El espacio personal global tiene unas *dimensiones relativamente constantes.*
- Su *forma es irregular,* generalmente es inferior por la espalda que frontalmente.
- Sus *fronteras son relativamente flexibles.*
- El hacinamiento depende más de *variables psicológicas* que de variables estrictamente físicas.

La influencia del espacio personal en las relaciones interpersonales depende de variables como el tipo de relación entre los individuos, la clase de interacción, el propósito de la misma o el estatus respectivo de cada persona. Se ha observado, por ejemplo, que en las interacciones entre los miembros de un grupo se guardan más distancias entre el sujeto y las personas de estatus inferior o superior que entre los sujetos de estatus similar. También se ve afectada por variables culturales, dado que las distancias de interacción varían sensiblemente de una cultura a otra.

En definitiva, las reacciones positivas o negativas de los sujetos ante las intromisiones en su espacio personal varían. La sensación de mayor o menor hacinamiento no depende sólo del aumento de la densidad de población, sino que influyen de forma decisiva las circunstancias en las que éste se produce.

COHESIÓN

Entendemos por cohesión el grado en que los miembros del grupo se sienten atraídos mutuamente. Pero, ¿qué mantiene unido al grupo?, ¿a qué se debe que algunos grupos muestren más unidad que otros?

Los equipos pueden estar más o menos avenidos y mostrar mayor o menor imagen de conjunto de cara al exterior. La fuerza de atracción que mantiene unido al grupo puede, en cualquier caso, variar en el tiempo y ser muy diferente de un grupo a otro.

Las claves de la integración en el grupo

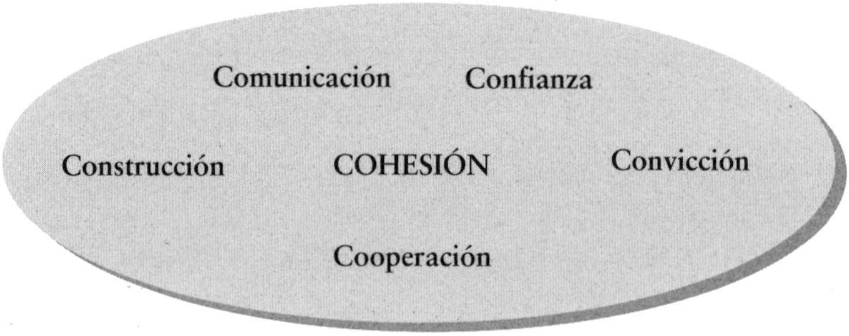

La integración en los equipos de trabajo es producto, en gran medida, de:

- la *adecuada comunicación* entre sus miembros,
- la *confianza mutua,*
- la *construcción* sólida del equipo,

- el *espíritu de cooperación,*
- la *convicción* y la creencia en lo que hace el grupo,
- la *cohesión,* en parte derivada de la interacción de las anteriores.

Es evidente el importante efecto positivo que generalmente produce el incremento de la cohesión en la dinámica de los grupos. El escaso esfuerzo necesario para mantener unido al grupo, cuando éste ya está cohesionado, libera gran parte de energía que se asigna a la tarea, con la consiguiente mejora en la eficacia y en la consecución de objetivos.

La cohesión suele afectar positivamente, elevando notablemente los siguientes aspectos:

- la *atracción* hacia el grupo,
- el grado de *motivación,*
- la *moral,*
- la *conformidad* con las normas del grupo,
- la *coordinación* de esfuerzos,
- la *sinergia,*
- los *recursos* disponibles para la tarea,
- la *productividad,*
- la *eficacia* en el logro de objetivos,
- el número de *interacciones* positivas, cordiales,
- la *cooperación,*
- la *satisfacción* con el grupo.

La cohesión se puede ver afectada por aspectos como la compatibilidad de caracteres y de necesidades entre los miembros del grupo.

Hay elementos de cohesión poderosos, como la búsqueda de un «enemigo externo», que, aun dando unidad al grupo, son menos efectivos a largo plazo y pueden encubrir diversas anomalías internas. El hecho de que el grupo necesite localizar a un «chivo expiatorio» externo para mantenerse unido puede ser interpretado más como un probable síntoma de disfunción interna que como un auténtico vínculo de cohesión.

El grado de cohesión es susceptible de ser medido por métodos directos e indirectos. El simple análisis comparativo de las diferencias en las frecuencias del uso del «nosotros» y del «yo» arroja un dato importante en este sentido.

La cohesión puede ser evaluada a través de varios métodos:

— ***Tests Sociométricos*** o pruebas de elección sociométrica.
— ***Estudios de Clima.***
— ***Análisis de las Motivaciones.***
— ***Análisis de Interacciones;*** estudio de su calidad y frecuencia.

La sociometría, método creado por Jakob Levy Moreno, estudia la estructura de los grupos a través del entramado de relaciones interpersonales que se produce en su interior. El *Test Sociométrico* es el instrumento que utiliza para conocer la estructura básica de las relaciones dentro del grupo.

Una simple cuestión, en la que se solicita a cada miembro del grupo que elija o rechace a algunos de los integrantes del grupo a la hora de formar un pequeño equipo de trabajo en el que le gustaría participar, proporciona una información muy valiosa. Cada miembro del grupo elige o rechaza a las personas que preferiría como compañeras.

El Test Sociométrico detecta los «átomos sociales», constituidos por cada individuo, y su red de relaciones sociales, compuesta por las elecciones emitidas y recibidas por esa persona.

El sociograma es la representación gráfica de las relaciones establecidas entre todos los miembros a partir de las elecciones y rechazos realizados. Éstos se representan respectivamente con líneas continuas y discontinuas, respectivamente.

El sociograma describe y pone de relieve varios aspectos:

✎ la estructura informal,
✎ el sistema de comunicación,
✎ el liderazgo, la tendencia a ocupar una posición central,
✎ la posible formación de subgrupos, parejas, tríos.

A partir de los resultados obtenidos a través del test sociométrico podemos analizar varios datos:

— Número de elecciones personales emitidas.
— Número de elecciones personales recibidas.
— Número de elecciones mutuas o recíprocas.
— Número de elecciones intragrupales.

— Número de elecciones negativas o rechazos personales emitidos.
— Número de elecciones negativas o rechazos personales recibidos.
— Número de elecciones negativas o rechazos mutuos o recíprocos.
— Número de elecciones negativas o rechazos intragrupales.

Sociograma elaborado a partir de las elecciones realizadas por los miembros de un grupo

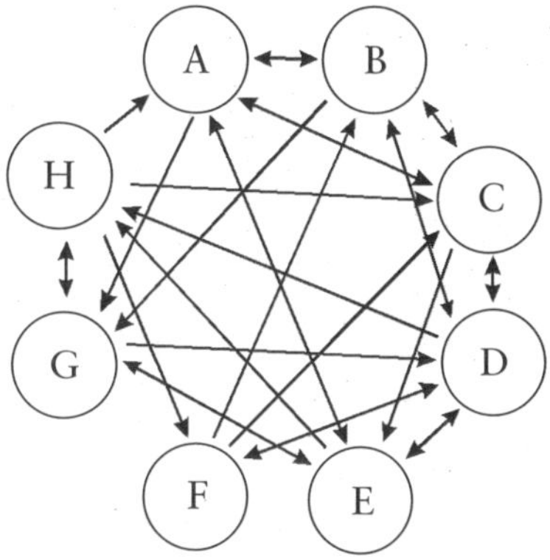

Indicadores como el número total de elecciones que se producen dentro del grupo, o el de elecciones mutuas, reflejan el grado de cohesión.

El número de elecciones que recibe cada individuo nos aporta información relevante, por ejemplo, de cara al liderazgo.

Veamos algunos datos y fórmulas que nos permiten obtener los principales índices sociométricos (véase página siguiente). El valor «*n*» se refiere al número de sujetos que componen el grupo, y se aplica «*n* – 1» dado que el sujeto no puede elegirse o rechazarse a sí mismo.

A partir de los datos obtenidos en cuanto al número de elecciones y de rechazos recibidos, los miembros del grupo pueden clasificarse en cuatro tipos sociométricos:

✎ *Populares o líderes:* obtienen un número elevado de elecciones y un número bajo o normal de rechazos.
✎ *Normales:* obtienen un grado de aceptación normal y bajo o normal de rechazo.

- *Olvidados, ignorados o aislados:* poseen una baja aceptación y un rechazo también bajo o normal.
- *Rechazados, excluidos o marginados:* con un alto grado de rechazo y una aceptación baja o normal.

Índices sociométricos

Individuales

Popularidad o estatus positivo: núm. de elecciones recibidas / $n - 1$.
Proporción de miembros que eligen al sujeto sobre el total de miembros.

Antipatía o estatus negativo: núm. de rechazos recibidos / $n - 1$.
Proporción de miembros que rechazan al sujeto sobre el total de miembros.

Expansividad positiva: núm. de elecciones emitidas / $n - 1$.
Proporción de miembros que son elegidos por el sujeto.

Expansividad negativa: núm. de rechazos emitidos / $n - 1$.
Proporción de miembros que son rechazados por el sujeto.

Reciprocidad positiva: núm. de elecciones recíprocas.

Reciprocidad negativa: núm. de rechazos recíprocos.

Globales

Cohesión o asociación: núm. de elecciones recíprocas / núm. posible de elecciones recíprocas.
Proporción de reciprocidades positivas.

Disociación: núm. de rechazos recíprocos / núm. posible de rechazos recíprocos.
Proporción de reciprocidades negativas.

Intensidad social: (núm. total de elecciones + núm. total de rechazos) / $n - 1$.

Se puede observar, en la tabla del ejemplo (véase página siguiente), que la persona representada con la letra D:

- ocupa una posición central en el grupo,
- corresponde al tipo sociométrico líder,

Algunos índices sociométricos obtenidos a partir del ejemplo anterior

	N.° E. PERSONALES	N.° E. RECIBIDAS	N.° E. RECÍPROCAS	POPULARIDAD	EXPANSIV. POSITIVA	CONEXIÓN AFECTIVA
A	4	4	3	0,57	0,57	0,75
B	4	4	3	0,57	0,57	0,75
C	4	**5**	3	**0,71**	0,57	0,60
D	**5**	**5**	**4**	**0,71**	**0,71**	**0,80**
E	4	4	3	0,57	0,57	0,75
F	3	2	1	0,29	0,43	0,50
G	3	4	2	0,57	0,43	0,50
H	4	3	1	0,43	0,57	0,33
	N.° E. INTRAGRUP. 31	TOTAL 31	TOTAL 10	N.° E. recib. / *n* – 1	N.° E. emitidas / *n* – 1	Recípr. posit. / E. recibidas

INTENS. SOCIAL
4,43

N.° T. E. + N.° T. rech. / *n* – 1
Int. Soc. = 31 / 7

COHESIÓN
0,36

N.° E. recípr. / N.° posible
Cohesión = 10 / 28

PAREJAS	TRÍOS
A – B / A – C	A – B – C
A – E / B – C	B – C – D
B – D / C – D	
D – E / D – F	
E – G / G – H	

- realiza un mayor número de elecciones personales,
- su expansividad positiva es la mayor del grupo,
- recibe a su vez el mayor número de elecciones personales, junto a C,
- tiene el mayor índice de popularidad, junto a C,
- presenta el mayor número de elecciones recíprocas,
- su conexión afectiva también es la mayor del grupo.

Liderazgo y ejemplos de subgrupos

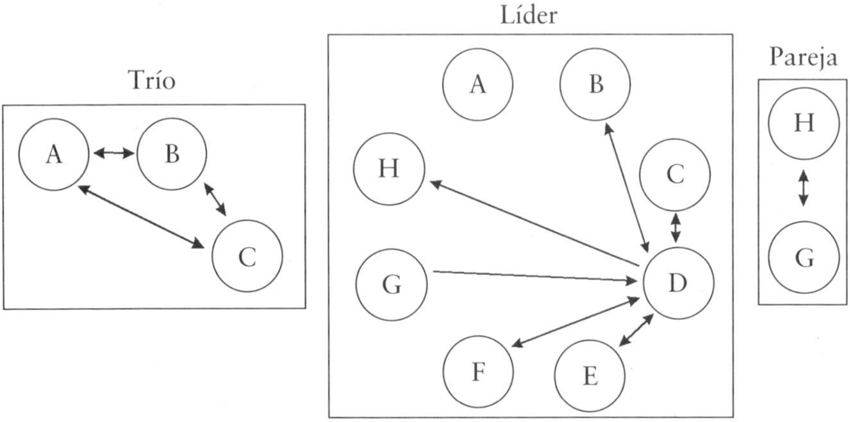

HETEROGENEIDAD

Para que un cierto grupo de personas pueda funcionar como equipo debe haber previamente un «mínimo común», un punto de partida y de coincidencia en aspectos básicos. Pero a partir de ahí, la pluralidad y la diversidad enriquecen y abren las perspectivas y posibilidades del grupo.

La variedad y heterogeneidad en la composición de los miembros puede aportar mucha riqueza al grupo. Un grupo puede estar compuesto por personas de ambos sexos, de diferentes edades, razas, culturas, expertos en diferentes disciplinas, con experiencias diversas. Los equipos multiprofesionales son un ejemplo de la importancia de la heterogeneidad para garantizar la eficacia del grupo.

Puede darse también el caso de que una excesiva heterogeneidad resulte contraproducente y llegue a afectar negativamente al rendimiento del grupo. La *complementariedad* y la *compatibilidad* entre los individuos que lo componen son condiciones deseables que pueden garantizar su buen funcionamiento.

Veamos los efectos de la heterogeneidad en tres aspectos concretos:

- ✎ ***Aptitudes:*** la investigación muestra que una mayor heterogeneidad en cuanto a aptitudes produce mayor eficacia, dado que la mayoría de las actividades grupales suelen requerir una gran diversidad de capacidades. El individuo que posee las aptitudes específicas más relacionadas con la tarea y el objetivo principal del grupo suele ejercer una mayor influencia en las decisiones grupales y emerger como líder.
- ✎ ***Inteligencia:*** en general, los individuos más inteligentes tienen tendencia a adoptar en el grupo papeles más activos, a liderar y a manifestar más abiertamente su disconformidad.
- ✎ ***Sexo:*** en cuanto al sexo, los grupos mixtos generalmente obtienen mayor rendimiento y eficacia. Sin embargo se ha observado también que un grupo con integrantes de un solo sexo puede orientarse más a la tarea, asignando menos energía y recursos a las relaciones socioafectivas, lo que también afecta positivamente a la productividad.

El grupo, según va madurando desde su creación, va evolucionando, mejorando la coordinación de esfuerzos y ampliando su formación. La diversidad de conocimientos de sus integrantes se va compartiendo y poniendo en común; se van transmitiendo y creando formas de hacer y de trabajar. La *polivalencia* en un grupo contribuye a evitar que ningún miembro se convierta en un elemento imprescindible, en cuya ausencia el grupo tendría que dejar de funcionar.

DINÁMICA E INTERACCIÓN

Los comportamientos que se manifiestan en los grupos son muy diversos. Detrás de cada conducta hay una motivación concreta y un determinado perfil de personalidad.

Observando a un determinado grupo, cabría preguntarse:

- ✎ ¿Qué interés tiene la persona que interrumpe constantemente?
- ✎ ¿Qué necesidad tiene determinado miembro del grupo que realiza frecuentes preguntas, observaciones y matizaciones?

- ✎ ¿Por qué algunos participantes asienten con la cabeza, otros parecen estar ajenos al trabajo grupal y otros no participan en absoluto?
- ✎ ¿Qué puede mover a alguno a oponerse sistemáticamente a cualquier propuesta que se realiza?
- ✎ ¿Por qué hay personas que no participan o no expresan sus opiniones en el grupo?
- ✎ ¿No se atreven por miedo a las consecuencias, al ridículo o a la crítica?
- ✎ ¿Se debe a la propia estructura del grupo?
- ✎ ¿Es producto del clima que se ha creado en el grupo?
- ✎ ¿Se comportan los miembros de igual forma fuera del grupo que dentro?

La personalidad especial de los integrantes del grupo y su particular combinación producen determinados resultados. A través de su conducta, las personas que participan en un grupo muestran su personalidad, su peculiar forma de pensar, sus intereses, sus motivaciones, sus actitudes. Eso les hace desempeñar en el grupo determinados roles personales, propios de cada individuo.

Roles personales o individuales más frecuentes dentro de los grupos

Positivo	Asertivo, aprovecha las aportaciones de todos y aporta las suyas.
Discutidor	Busca la confrontación, la pelea, los «contras» a las propuestas.
Tímido	Le cuesta intervenir, pero se muestra atento escuchando.
Hablador	Habla en cuanto puede; su discurso puede no guardar relación con el tema.
Sabelotodo	Parece saber del tema; su actitud pedante suele causar risa o rechazo.
Ausente	Distraído; no está participando realmente en la dinámica del grupo.
Gracioso	Intenta distender el ambiente con ingenio o acaparar protagonismo personal.
Astuto	Busca los puntos débiles de los demás para su beneficio.
Cerrado	Anclado en su postura inamovible, no escucha otros argumentos.
Crítico	Busca defectos, fallos, inconvenientes; puede ayudar a desvelar otros puntos de vista.

Las diferentes personalidades, comportamientos y roles que se aprecian en el seno de los grupos hace que sea relativamente fácil que se produzcan confrontaciones y conflictos. Algunos roles son más sencillos de desempeñar que otros. La aportación que realizan al grupo algunos de ellos puede ser escasa, nula o incluso negativa.

En este punto, cabe recordar que es mucho más costoso proponer algo que reaccionar de forma crítica ante una propuesta. Resulta más fácil destruir que construir, criticar una idea que aportarla, intentar acortar la línea del contrario que dar más solidez a la propia línea argumental.

Aunque el avance dialéctico requiere de la oposición, la antítesis y la crítica, éstas deben realizarse sobre una base cierta y con miras a construir, y no de forma destructiva e indiscriminada.

Buscando un paralelismo con las operaciones matemáticas más elementales, las actitudes básicas que pueden mostrar los individuos en las interacciones en el grupo podrían resumirse en cuatro:

- ***Sustracción o resta*** **(–):** «Eso no va a funcionar de ninguna manera».
- ***Adición o suma*** **(+):** «Podemos llevar un registro». «Y podemos realizar, además, una estadística».
- ***División*** **(/):** «Vosotros estáis muy equivocados, y nosotros tenemos razón».
- ***Multiplicación*** **(x):** «Podemos convocar una reunión inicial». «Y ampliar el contenido posteriormente con un ciclo de charlas». «Y hablar con los medios de comunicación».

Actitudes básicas en el grupo

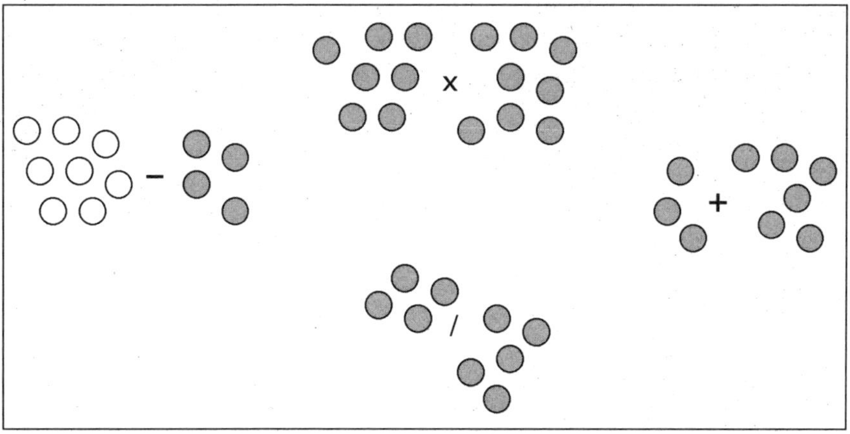

Para los grupos, la adición y la multiplicación son las actitudes e interacciones más deseables, pero tal vez por ello también resultan ser las más complejas.

Al analizar las interacciones en los grupos se observan una serie de conductas diferentes, tanto en el ámbito de la tarea como a nivel socioafectivo. Las resumimos en la siguiente tabla:

Conductas e interacciones en el grupo

Niveles	Conductas	
Tarea	Aporta ideas, propuestas, sugerencias, alternativas.	Solicita ideas, sugerencias, consejos, instrucciones.
	Aporta opiniones, valora, analiza, expresa deseos, sentimientos, necesidades.	Solicita opiniones, valoraciones, hace expresar deseos, sentimientos, necesidades.
	Aporta información, orientación, repite, aclara, confirma.	Solicita información, orientación, repeticiones, aclaraciones, confirmación.
Socioafectivo	Manifiesta solidaridad, ayuda, ánimo, apoyo.	Manifiesta rechazo, antagonismo, hostilidad, ironía.
	Relaja el ambiente, distiende, reduce tensiones.	Crea tirantez y aumenta la tensión.
	Manifiesta acuerdo, asiente, se adhiere, transige, aprueba.	Manifiesta desacuerdo, negación, desinterés, obstinación.

Basado en el Sistema de Categorías de R. F. Bales.

Dedicamos el siguiente capítulo al análisis de las técnicas de trabajo en grupo más extendidas, conocidas y aplicadas. Son estrategias principalmente de análisis, creatividad, dramatización, resolución de problemas y autoevaluación.

Para concluir este capítulo incluimos una pequeña fábula que habla del valor de las diferencias entre los miembros del grupo.

Asamblea en la carpintería

Hubo en la carpintería una extraña asamblea; las herramientas se reunieron para arreglar sus diferencias. El martillo fue el primero en ejercer la presidencia, pero la asamblea le notificó que debía renunciar. ¿La causa? Hacía demasiado ruido, y se pasaba el tiempo golpeando.

El martillo reconoció su culpa, pero pidió que fuera expulsado el tornillo: había que darle muchas vueltas para que sirviera de algo.

El tornillo aceptó su retiro, pero a su vez pidió la expulsión de la lija: era muy áspera en su trato y siempre tenía fricciones con los demás.

La lija estuvo de acuerdo, con la condición de que fuera expulsado el metro, pues se pasaba el tiempo midiendo a los demás, como si él fuera perfecto.

En eso entró el carpintero, se puso el delantal e inició su trabajo, utilizando alternativamente el martillo, la lija, el metro y el tornillo. Al final, el trozo de madera se había convertido en un lindo mueble.

Cuando la carpintería quedó sola otra vez, la asamblea reanudó la deliberación. Dijo el serrucho: «Señores, ha quedado demostrado que tenemos defectos, pero el carpintero trabaja con nuestras cualidades. Eso es lo que nos hace valiosos. Así que no pensemos ya en nuestras flaquezas, y concentrémonos en nuestras virtudes».

La asamblea encontró entonces que el martillo era fuerte, el tornillo unía y daba solidez, la lija limaba asperezas y el metro era preciso y exacto. Se sintieron como un equipo capaz de producir hermosos muebles, y sus diferencias pasaron a segundo plano.

Cuando el personal de un equipo de trabajo suele buscar defectos en los demás, la situación se vuelve tensa y negativa. En cambio, al tratar con sinceridad de percibir los puntos fuertes de los demás, florecen los mejores logros. Es fácil encontrar defectos —cualquier necio puede hacerlo—, pero encontrar cualidades es una labor para los espíritus superiores que son capaces de inspirar el éxito de los demás.

Extraído del libro *La culpa es de la vaca,* de Jaime Lopera Gutiérrez y Martha Inés Bernal Trujillo, Intermedio Editores. Reproducido con autorización.

4

TÉCNICAS DE TRABAJO EN GRUPO

«De muchas ideas nuestras
no nos habríamos enterado jamás,
si no hubiésemos sostenido
largas conversaciones con otros.»

NOEL CLARASÓ

SELECCIÓN DE TÉCNICAS DE TRABAJO EN GRUPO

Las técnicas de trabajo en grupo son un conjunto de instrumentos, medios, estrategias y procedimientos que, aplicados adecuadamente a la dinámica de los equipos de trabajo, permiten fomentar la participación, aprovechar el potencial del grupo e incrementar su eficacia. Las técnicas plantean diferentes formas de organizar el trabajo en grupo con objeto de optimizarlo.

Hay una gran diversidad de técnicas que podemos utilizar. La decisión sobre la adecuación y oportunidad de la utilización de cada una de ellas estará en función de variables diversas.

Los principales criterios o variables a tener en cuenta para elegir adecuadamente una determinada técnica o dinámica son:

- ✎ **Objetivo perseguido:** cada técnica es útil para determinados objetivos. Conviene primero clarificar el objetivo que queremos lograr y después seleccionar la técnica.
- ✎ **Tamaño del grupo:** una misma técnica probablemente no sea aplicable a grupos pequeños y a grupos grandes, o al menos no se aplicará de igual forma; algunas técnicas requerirán adaptaciones precisas.
- ✎ **Participación:** relacionado con el punto anterior, hay técnicas que fomentan la participación de un modo más eficaz que otras. Aun cuando el tamaño del grupo pueda ser elevado, se puede disponer de técnicas que dividen al grupo grande en subgrupos, y logran fomentar la participación.
- ✎ **Recursos:** hay que tener en cuenta la disponibilidad de los recursos físicos, materiales, espaciales y temporales. La apli-

cación de cada técnica conlleva una duración y unos requerimientos en cuanto a espacio y disponibilidad de recursos que habrá que tener previstos de antemano.

- ✎ **Perfil de los miembros del grupo:** algunas técnicas se adaptarán mejor que otras al perfil, edad, intereses y motivaciones de los integrantes del grupo.
- ✎ **Madurez, entrenamiento y experiencia del grupo:** el grado de complejidad de la técnica, de conocimiento mutuo entre sus miembros, su experiencia previa de trabajo en grupo, el clima del grupo, o su momento evolutivo, son variables a tener muy en cuenta.
- ✎ **Conocimiento de la técnica:** el conocimiento claro de la técnica por parte del monitor y del grupo, y la experiencia previa en su utilización, permiten aplicarla con una mayor habilidad, seguridad y eficacia.
- ✎ **Experiencia en dinámica de grupos:** la mayor o menor experiencia por parte del animador o moderador, tanto en las dinámicas como en el trabajo con grupos, le puede permitir manejarse mejor con unas técnicas determinadas.

Es especialmente conveniente a la hora de trabajar en grupo tener previamente diseñado un procedimiento y haber decidido qué técnicas se van a utilizar. No se puede dejar ese aspecto en manos del azar y de la improvisación.

Veremos que algunas técnicas tienen una etapa, generalmente al inicio, que es de trabajo individual. Hay que tener en cuenta que la participación en el grupo no significa que sea necesario hacer todo entre todos.

Trabajar en equipo no implica que la conducta siempre tenga que ser colectiva. Hay tareas que tienen un componente más grupal. Otras, sin embargo, más relacionadas con la ejecución misma de la tarea, se realizan mejor por cada miembro o subgrupo encargado de ellas. Las tareas grupales están normalmente muy vinculadas a los objetivos, la planificación, la asignación de tareas, la puesta en común de la información, el análisis de la realidad, la creatividad, la toma de decisiones, la resolución de conflictos, la evaluación y la coordinación.

Como veremos, muchas de las técnicas que se describen tienen algún nexo o conexión con la *creatividad*. El trabajo en grupo es una oportunidad para potenciarla, y las condiciones óptimas para ello se resumen en los siguientes puntos:

- **Objetivos:** el grupo debe compartir y tener claros los objetivos.
- **Tamaño:** el número óptimo de personas en un grupo creativo puede oscilar entre seis y ocho personas. Un número mayor generalmente añade confusión, pero si se reduce el número se puede ver afectado el cruce de ideas, con lo que la sinergia también será menor.
- **Perfil:** un grupo heterogéneo, compuesto por personas con diferentes perfiles personales y profesionales, puede resultar más creativo y aportar perspectivas y puntos de vista que enriquezcan el resultado final.
- **Igualdad:** la ausencia de jerarquía dentro del grupo suele favorecer un clima de cierta libertad y de no coacción, lo que permite que afloren las ideas con más facilidad.
- **Duración:** la excesiva duración de las sesiones de trabajo en grupo, por ejemplo más de tres horas, puede afectar negativamente a la creatividad.
- **Periodicidad:** es conveniente programar las sesiones con una cierta periodicidad que contribuya a facilitar el ritmo de trabajo grupal.
- **Estabilidad:** la composición del grupo puede ser relativamente constante, aunque abierta y permeable a la entrada de posibles nuevos participantes. Un cierto grado de conocimiento mutuo entre las personas que lo integran puede facilitar el trabajo creativo.
- **Clima:** un clima adecuado, de motivación, confianza, cohesión y comunicación fluida también beneficia a la productividad creativa del grupo.

Veamos las diferentes posibilidades que nos ofrece cada técnica.

REFLEXIÓN INDIVIDUAL PREVIA

Con frecuencia la participación en los grupos se ve limitada y empobrecida porque no se ha dado previamente tiempo a los participantes para ordenar y clarificar sus ideas.

La reflexión individual previa es un ejercicio de mucha utilidad. Se trata de una técnica de carácter individual, pero que complementa y potencia la eficacia de la aplicación posterior de las técnicas grupales.

En los minutos previos al trabajo grupal se pide a todos los participantes que reflexionen individualmente, por separado, y que recojan sus ideas en un papel, para posteriormente proceder a la puesta en común. Las fases serían:

1. Formulación del tema.
2. Reflexión individual, durante un corto período de tiempo.
3. Registro individual de las ideas principales.
4. Puesta en común.

Reflexión individual previa

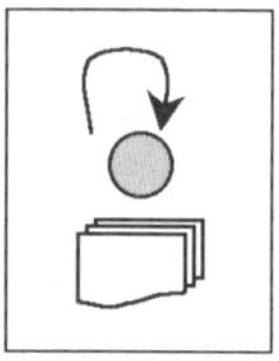

Las principales ventajas que ofrece esta técnica son:

- ✎ la clarificación previa de ideas y la mejor elaboración del contenido a exponer,
- ✎ la obtención de mayor número de recursos en forma de ideas,
- ✎ el reparto más equitativo de las intervenciones,
- ✎ la mayor posibilidad de participación para aquellas personas que razonan con más lentitud,
- ✎ la evitación de posibles olvidos,
- ✎ el mayor compromiso con las ideas trabajadas y expuestas.

Como limitación podemos observar que se trata, en el caso del trabajo en grupo, sólo de una técnica auxiliar complementaria, dado que no permite el cruce de ideas. Para ello se utilizarán posteriormente otras técnicas específicas.

GRUPOS DE DISCUSIÓN

El grupo de discusión consiste en una conversación mantenida en un pequeño grupo, de entre tres y seis individuos aproximadamente, en la que se ponen en común las ideas, iniciativas u opiniones de cada uno de los miembros con respeto a un tema. El número reducido de personas que intervienen facilita que todos participen o intervengan en la discusión. Al final de la misma se debe obtener como resultado alguna conclusión grupal.

La secuencia del grupo de discusión sería la siguiente:

1. Formulación del tema objeto de debate.
2. Interacción y diálogo libre, con una cierta regulación del turno de palabra.

Grupo de discusión

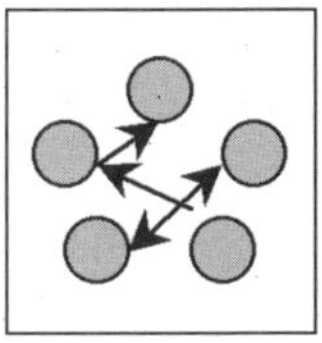

Es especialmente adecuado para grupos que están bien cohesionados y que tienen experiencia de trabajo en equipo. Las principales ventajas de la técnica residen en:

- la relativa espontaneidad de las intervenciones,
- su flexibilidad en cuanto al contenido y a la estructura.

Durante la discusión puede ir variándose la dirección sobre la marcha, lo que puede aportar mayor riqueza en cuanto a contenido.

PHILLIPS 66

La técnica Phillips 66, también conocida como discusión en corrillos, fue creada por J. D. Phillips. Es especialmente útil cuando un grupo relativamente grande necesita analizar una situación, un tema, una propuesta, un documento, y obtener una conclusión general con la participación de todos sus integrantes.

Consiste en dividir al grupo en subgrupos de seis personas, que tratan y discuten durante seis minutos la cuestión propuesta. En su aplicación se siguen las siguientes fases:

1. Formulación del tema.
2. Elección del moderador.
3. Constitución de subgrupos de seis personas.
4. Trabajo durante seis minutos de los subgrupos.
5. Puesta en común.

Phillips 66

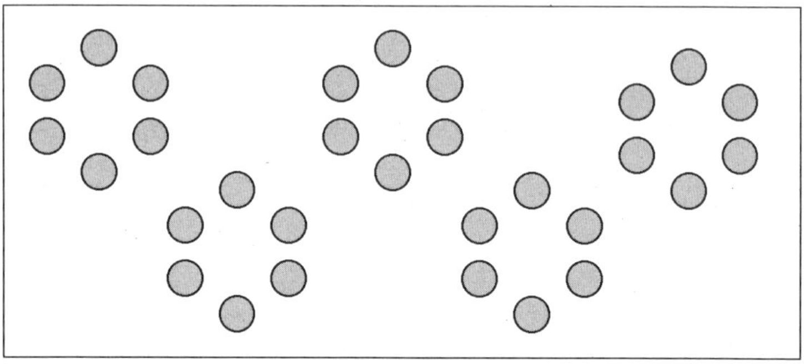

Requiere que participen todos para poder obtener, o bien una conclusión general, o al menos un informe de conclusiones particulares. Algún miembro puede realizar la función de secretario y portavoz.

Tras la puesta en común del trabajo realizado por todos los grupos, la técnica puede repetirse sucesivamente.

CUCHICHEO

Se trata de una técnica en parte similar a la anterior, aunque más sencilla de utilizar. Su diferencia esencial con el Phillips 66 es que en el cuchicheo el grupo se divide en subgrupos de dos personas. Se trabaja en parejas, generalmente con la persona que está sentada al lado, lo que reduce al mínimo el tamaño de cada grupo. La secuencia sería:

1. Formulación del tema.
2. Comentario por parejas durante algunos minutos.
3. Puesta en común.

Cuchicheo

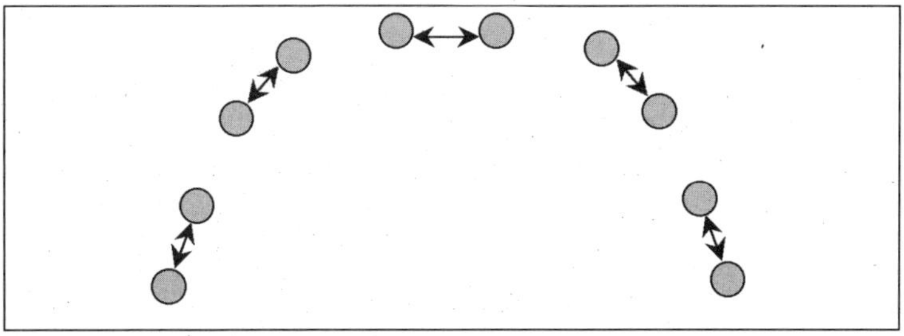

Como principales ventajas cabe señalar que la utilización de la técnica del cuchicheo contribuye a:

- aumentar y facilitar la participación,
- incrementar el tiempo disponible para cada participante,
- reducir las posibles resistencias a intervenir,
- favorecer la implicación de todos con el trabajo del grupo,
- aumentar el número y la diversidad de aportaciones, ideas, perspectivas y puntos de vista,
- realizar en parejas un primer filtro de ideas,
- dinamizar sesiones de formación,
- posibilitar y facilitar el conocimiento entre los participantes,
- potenciar la cohesión grupal.

MESA REDONDA

La mesa redonda es una técnica bastante extendida, conocida y utilizada. Guarda una cierta similitud con los grupos de discusión. Permite abordar y analizar en grupo un tema determinado.

Se seleccionan una serie de miembros del grupo, y éstos hablan libremente durante un tiempo determinado sobre el tema en cuestión.

Las fases serían:

1. Selección del tema.
2. Selección de los participantes.
3. Preparación de las ponencias.
4. Desarrollo de la mesa redonda ante el grupo.
5. Debate en grupo.
6. Conclusiones.

Mesa redonda

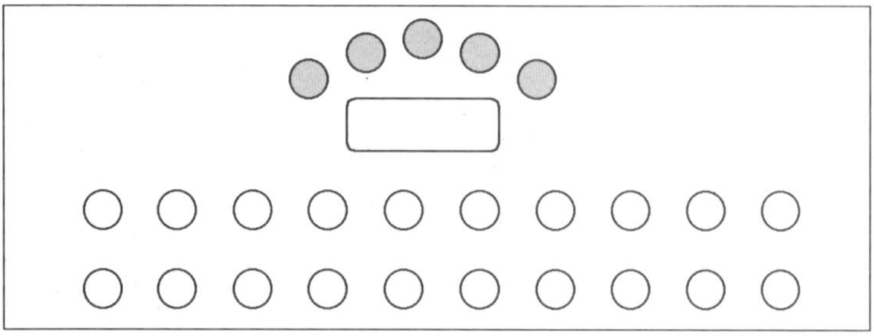

Es conveniente realizar una preparación previa por parte de los participantes, que pueden centrarse en algún aspecto concreto del tema o abogar por un determinado argumento, postura o razonamiento. Posteriormente exponen sus ideas ante los demás miembros del grupo durante la mesa redonda.

Al final de la misma se suele establecer un debate colectivo en el que todos pueden participar, y en el que se pueden formular preguntas, añadir ideas o aportaciones personales y realizar sugerencias.

SIMPOSIO

El simposio es una técnica bastante similar, pero en ella varias personas cualificadas, normalmente entre tres y seis, realizan exposiciones sobre diversos aspectos del tema que se está tratando. Las ponencias se realizan sucesivamente, de forma individual.

Posteriormente el auditorio entabla un coloquio que es controlado por la persona que desempeña la función de moderador.

Al concluir se expone un resumen de las conclusiones y se realiza una valoración final.

ASAMBLEA

La asamblea, por su parte, es una técnica más metódica, que se aplica generalmente a grupos numerosos, y que ofrece la posibilidad de debatir de forma más reglada:

- ✎ se reúne el grupo en pleno, con objeto de tratar algún asunto o problema que les afecta,

- alguien ejerce el papel de moderador, mientras otra persona realiza labores de secretaría,
- se establece un diálogo que tiene por objeto informar y tomar acuerdos generales.

En la última fase se procede, si ha lugar, a la votación, con objeto de tomar la decisión, o se hace un resumen de los aspectos más relevantes y de las opiniones mayoritariamente expresadas, se nombran comisiones para abordar temas concretos, etc.

Con la aplicación de esta técnica se permite la expresión libre de opiniones e ideas, se aumenta la implicación con el tema y se da cauce a la participación activa de todos en la toma de decisiones.

BRAINSTORMING

El *brainstorming,* también conocido como tormenta de ideas, o lluvia o torbellino de ideas, puede considerarse como una técnica de reflexión creativa y de generación de ideas en grupo. Fue creada por A. Osborn, experto en creatividad. Su validez y eficacia la convierten en una técnica ampliamente utilizada incluso como apoyo a otras técnicas de creatividad, de solución de problemas, de participación o de desarrollo de reuniones.

Durante su aplicación, un miembro del grupo ejerce el papel de facilitador o coordinador, dinamizando el proceso. Otra persona puede realizar funciones de secretaría, registrando las aportaciones que los miembros del grupo van realizando.

Tras un primer momento de motivación, calentamiento y ejercitación del grupo para un mejor funcionamiento colectivo posterior, el grupo inicia la fase de generación de ideas. Se establece un determinado número de ideas al que queremos llegar, o un límite de tiempo durante el que vamos a trabajar.

Los miembros del grupo pueden expresar de forma libre y espontánea todos sus pensamientos y ocurrencias en torno al problema central planteado, teniendo en cuenta algunas reglas básicas:

- Toda crítica o evaluación previa están prohibidas.
- Cualquier idea es bienvenida.
- Se da prioridad a la cantidad sobre la calidad: se trata de recoger tantas ideas como sea posible.

- ✎ Se busca la asociación de las ideas y el desarrollo de las mismas.

Los participantes pueden expresar sin ningún tipo de inhibición cualquier idea aunque pueda parecer absurda o ridícula. Pueden aprovecharse las que han expresado los demás, mediante asociación, derivación, oposición o ampliación. El objetivo es obtener el mayor número posible.

A partir de la lista resultante se pueden realizar acciones muy diversas:

Asociar	Adaptar	Reorganizar
Seleccionar	Combinar	Invertir
Aclarar	Debatir	Agregar
Desarrollar	Valorar	Dividir
Profundizar	Eliminar	Clasificar
Ampliar	Priorizar	Integrar
Buscar	Aplicar	Complementar
Completar	Modificar	Cambiar
Sustituir	Reducir	Reunir ...

Así pues, vemos que en el *brainstorming* hay dos fases claramente diferenciadas:

1. *Generación* de ideas.
2. *Evaluación* de las ideas.

Tras el registro inicial se pasa a la fase posterior de valoración de las mismas. El grupo puede establecer previamente los criterios con los cuales se van a evaluar. Entre ellos pueden barajarse los siguientes:

- ✎ *factibilidad,*
- ✎ *rentabilidad,*
- ✎ *coste,*
- ✎ *ventajas,*
- ✎ *inconvenientes.*

LA TÉCNICA DE LAS PREGUNTAS

A. Osborn afirmaba que la pregunta es la más creativa de las conductas humanas. Las preguntas formuladas tanto a nivel individual como en grupo permiten explorar los problemas y abrir nuevas perspectivas, generar muchas ideas y obtener gran diversidad de enfoques, usos y posibilidades.

Puede aplicarse como técnica grupal en sí misma o como técnica complementaria de otras técnicas como, por ejemplo, el mismo *brainstorming*. Consiste en aplicar sobre el asunto o problema una serie amplia y diversa de preguntas.

Técnica de las preguntas

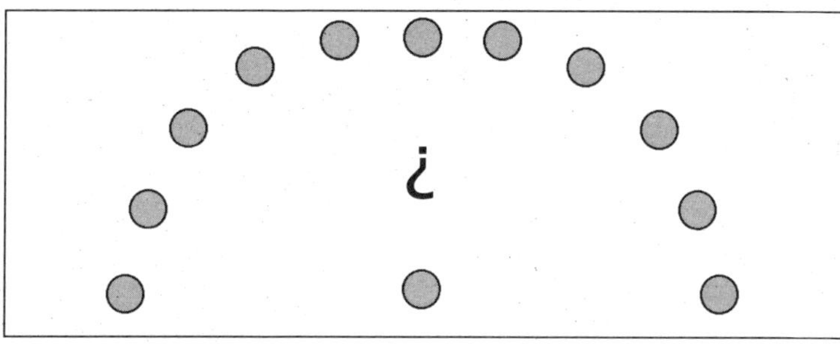

Ejemplo de lista de control de preguntas

¿Qué? ¿Quién? ¿Cómo? ¿Dónde? ¿Cuándo? ¿Por qué? ¿Para qué? ¿Cuánto? ¿Cuál? ¿Qué clase? ¿Con qué? ¿En qué? ¿Acerca de qué? ¿Por medio de qué? ¿De dónde? ¿Hacia dónde? ¿En qué otro lugar? ¿A qué distancia? ¿De qué? ¿Por quién? ¿Por qué causa? ¿Por cuánto tiempo? ¿Cuántas veces? ¿Otra vez? ¿A quién? ¿De quién? ¿Con quién? ¿Para quién? ¿Más? ¿Menos? ¿Más a menudo? ¿En qué medida? ¿Todos? ¿Algunos? ¿Hay alguna excepción? ¿Es importante? ¿Más difícil? ¿Más fácil? ¿Mayor? ¿Menor?...

Tras la exploración del problema y el planteamiento de preguntas y sus correspondientes respuestas, se obtiene una visión más abierta del problema y una perspectiva más amplia para abordarlo, lo que permite al grupo generar muchas más ideas.

MOMENTO CRÍTICO

El momento crítico es una técnica que permite estimular el pensamiento crítico. Dado un asunto o tema central se le pide al grupo que realice críticas concretas al respecto, sin preocuparse de la solución. Es una oportunidad para poner de relieve:

- fallos,
- errores,
- riesgos,
- puntos débiles,
- problemas,
- limitaciones,
- desventajas.

Las críticas no deben generar reacciones defensivas ni justificaciones. Sólo es momento de recoger y analizar lo que puede mejorarse. No se trata de aprovechar la ocasión para lamentarse, desahogarse o plantear emociones negativas.

Tras la exposición y registro de las críticas se puede hacer una distinción entre aquellas que están bajo nuestro campo de actuación y nuestro control, y aquellas otras que escapan a nuestro ámbito de acción. Para realizar el trabajo posterior con el material obtenido pueden aplicarse técnicas específicas de análisis y resolución de problemas.

RUEDA DE OPINIONES

Tras la formulación del tema sobre el que se va a trabajar, y en ocasiones tras aplicar alguna otra técnica complementaria, como la reflexión individual previa o el cuchicheo, todos los miembros del grupo intervienen siguiendo un orden fijado previamente.

Normalmente suele realizarse siguiendo un orden correlativo, por el lugar que ocupan los participantes en cada uno de los asientos, o bien siguiendo un orden de lista de todos los miembros.

Como principales ventajas de la rueda de opiniones podemos destacar las siguientes:

- se garantiza la participación dinámica de todos los integrantes,

- permite conocer y poner en común las opiniones e ideas de todos,
- aumenta la implicación de los participantes,
- aun cuando se pueden producir intervenciones muy similares o redundantes, todos tienen posibilidad de personalizar y expresar su opinión con sus palabras,
- permite conocer el peso asignado a cada idea atendiendo a su frecuencia de aparición.

Rueda de opiniones

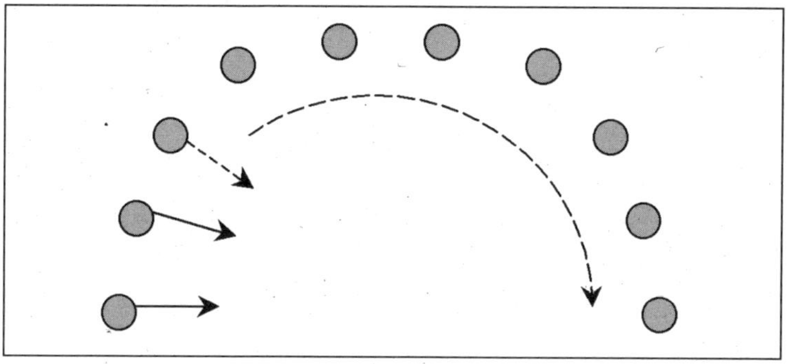

ENTREVISTA COLECTIVA

La entrevista colectiva parte de un trabajo en grupo previo en el que se puede utilizar alguna de las técnicas grupales expuestas. A partir de la selección y formulación del tema sobre el que se va a trabajar, y con la participación de todos los miembros, se recogen las diversas ideas que aporta el grupo. Con ese material, un equipo se encarga de elaborar y confeccionar un cuestionario. Posteriormente lo utiliza y aplica a una persona, generalmente un experto en el tema que se está tratando, durante una entrevista que se realiza en presencia del resto del grupo.

MÉTODO DELPHI

El método Delphi es una estrategia especial de análisis y solución de problemas en el que participan varias personas que, sin embargo, no constituyen un grupo como tal. Los participantes, generalmente expertos en uno o varios campos específicos, no llegan a reunirse nunca; no es preciso tampoco que se conozcan entre sí.

La coordinación se realiza a través de una persona que se encarga de organizar y centralizar el trabajo de los expertos. Esta persona se comunica con ellos, sintetiza las respuestas que aporta cada uno, las agrupa por categorías, y se las envía a los demás para que aporten sus críticas, sugerencias e ideas.

Los expertos son las personas encargadas de dar respuesta al problema planteado. Participan de forma voluntaria, conocen y aceptan las normas y el procedimiento de trabajo. Se trata de personas que deben conocer bien el problema que se les propone y, si es posible, proceder de diferentes campos, lo que aporta una visión más completa del problema.

Las etapas de método Delphi son las siguientes:

1. El coordinador expone el problema a los expertos.
2. Cada experto remite al coordinador sus primeras soluciones.
3. El coordinador las recibe y reenvía, de forma anónima, a los demás expertos.
4. Cada experto aporta nuevas respuestas a las soluciones que recibe del coordinador.
5. El coordinador va cerrando el problema tras cruzar las distintas respuestas que ha ido obteniendo.

Al desconocer la procedencia de las ideas, el método permite eliminar posibles sesgos o prejuicios que podrían producirse derivados del conocimiento que se tenga de la persona que las ha propuesto. Las ideas son analizadas y valoradas en sí mismas, con independencia de la fuente.

SEIS SOMBREROS PARA PENSAR

El creador de esta interesante técnica es Edward de Bono, experto en el campo de la creatividad. Esta técnica grupal facilita el análisis y resolución de problemas desde distintas perspectivas y diferentes puntos de vista. Es una herramienta de comunicación que ofrece la posibilidad de desarrollar un pensamiento paralelo, más amplio y más eficaz.

La técnica se basa en la idea de trabajar con seis sombreros imaginarios, cada uno con un color diferente, que representan seis maneras de pensar también distintas. Los sombreros deben ser considerados como direcciones de pensamiento que podemos utilizar a la hora de afrontar un problema. Cada uno de los participantes puede ponerse y quitarse un determinado sombrero para indicar el tipo de pensamiento que está utilizando. Todos los participantes pueden utilizar el mismo sombrero al mismo tiempo.

Los sombreros pueden ser utilizados en cualquier orden. Los seis estilos de pensamiento representados por cada uno de ellos son:

- *Blanco:* haciendo uso de este sombrero debemos centrarnos en los datos disponibles; vemos y analizamos la información que tenemos, y aprendemos de ella.
- *Rojo:* con él observamos los problemas utilizando la intuición, las sensaciones y las emociones; se pueden exponer sentimientos sin necesidad de justificarlos.
- *Negro:* con él se pone en funcionamiento el pensamiento del juicio y de la cautela; permite remarcar los inconvenientes y aspectos negativos del tema tratado.
- *Amarillo:* con este sombrero el pensamiento se dirige hacia lo positivo; nos ayuda a ver las ventajas, los beneficios, lo que va a funcionar de forma adecuada.
- *Verde:* es el sombrero de la creatividad; con él podemos aplicar un pensamiento fluido, en cuanto a número de ideas, a la vez que flexible y original.
- *Azul:* es el sombrero de la gestión y control del proceso del pensamiento; permite reunir y sintetizar las diferentes aportaciones y extraer las conclusiones.

MÉTODO DEL CASO

A través de este método el grupo en su conjunto analiza, estudia, profundiza y valora un problema o situación concreta, que puede ser real o hipotética. El caso que se utilice en el ejercicio puede estar preparado previamente, o bien diseñarse sobre la marcha. Es también compatible con muchos de los métodos de discusión mencionados anteriormente.

El método del caso proporciona una visión colectiva que permite analizar con detalle un caso concreto, recabar y contrastar diferentes puntos de vista, valorar distintas posibilidades y encontrar soluciones óptimas.

Se puede analizar un caso que represente un problema real que afecte a los miembros del grupo. Éstos pueden ir realizando sus aportaciones al respecto mientras el responsable de coordinar la actividad toma notas para redactar posteriormente el caso por escrito. Esta información se ofrece al grupo posteriormente para que puedan analizarlo, enjuiciarlo y realizar propuestas para su resolución.

ROLE-PLAYING

Esta técnica de dramatización guarda una estrecha relación con el teatro. En ella se ponen en juego la representación de papeles, la experiencia vivida de una situación, la espontaneidad, la improvisación y la observación.

Consiste en diseñar y representar un caso real o una situación concreta por parte de algunos miembros del grupo. Éstos asumen y representan los diferentes papeles que aparecen en el caso que se está abordando, intentando representarlos fielmente. La vivencia que experimentan tanto los «actores» como los «espectadores» se estudia, analiza y valora posteriormente de forma colectiva. Se realiza una puesta en común donde se comentan las reacciones suscitadas en cada uno de los personajes y en el grupo de observadores.

SESIÓN DE TRIBUNAL

Esta técnica es una variante del *role-playing*. Permite abordar temas complejos, personalizando y analizando un problema o caso real a través también de la dramatización. Sin embargo, lo que se representa durante la misma es una hipotética sesión de un tribunal de justicia.

El grupo distribuye los papeles que intervendrán en la sesión. Éstos son similares a los que participan en un juicio real: los jueces, la defensa, el fiscal, el acusado o acusados y los testigos. Al final se emite un veredicto que se comparará con las opiniones y el veredicto del resto del grupo.

EVALUACIÓN DEL TRABAJO EN GRUPO

Más que una técnica propiamente dicha, la evaluación del trabajo en grupo forma parte del proceso mismo del grupo. Los grupos deben autoevaluarse con regularidad para saber en qué momento se encuentran, hasta dónde han avanzado, qué aspectos de su estructura y funcionamiento se pueden mejorar, etc.

La evaluación del propio grupo es un interesante ejercicio que se puede realizar primero de forma individual, asignando puntuaciones, por ejemplo de uno a diez, sobre cada uno de los criterios, y anotando las observaciones correspondientes. En una segunda fase, de trabajo grupal, se pueden poner en común las valoraciones, analizándolas y debatiendo en grupo alternativas y propuestas de mejora.

Veamos algunas de las principales variables, elementos y criterios generales para realizar la valoración del trabajo en grupo:

Tamaño	Formación
Objetivos	Gestión del tiempo
Comunicación	Reuniones
Información	Estructura
Motivación	Liderazgo
Participación	Delegación
Relaciones personales	Toma de decisiones
Confianza	Solución de conflictos
Cohesión	Desarrollo personal
Heterogeneidad	Satisfacción
Cooperación	Resultados
Clima	Evaluación
Tarea	Valoración global
Coordinación	

En el próximo capítulo abordamos las reuniones, que merecen una atención especial y un análisis más pormenorizado por la frecuencia con que se realizan y por lo importante que resulta rentabilizar la inversión de tiempo empleado en ellas.

Veremos los errores que se cometen con más frecuencia a la hora de realizar reuniones, cómo es su estructura y su dinámica, y cómo puede el coordinador desempeñar eficazmente su papel durante las mismas.

Impreso de evaluación del trabajo en grupo

Criterio	Puntuación	Observaciones
Tamaño		
Objetivos		
Comunicación		
Información		
Motivación		
Participación		
Relaciones personales		
Confianza		
Cohesión		
Heterogeneidad		
Cooperación		
Clima		
Tarea		
Coordinación		
Formación		
Gestión del tiempo		
Reuniones		
Estructura		
Liderazgo		
Delegación		
Toma de decisiones		
Solución de conflictos		
Desarrollo personal		
Satisfacción		
Resultados		
Evaluación		
Valoración global		

5

REUNIONES

«Un comité es un grupo que lleva con puntualidad las actas y con retraso los actos.»

MILTON BERLE

LAS REUNIONES

Al referirse a las reuniones es frecuente escuchar frases no especialmente favorables sobre las mismas: «Esta reunión no era necesaria», «¡Qué cantidad de tiempo perdido!», «Las reuniones son inútiles», «Al final no hemos sacado nada en claro»...

A pesar de su relativa mala prensa, la reunión es una oportunidad excelente para aprovechar la sinergia del equipo. Sin embargo, también puede resultar un verdadero derroche de energía al que luego no se le ve el fruto. Las reuniones son especialmente caras en lo que a tiempo se refiere, si sumamos los tiempos asignados a la misma por cada una de las personas que la integran. Conviene decidir si el rendimiento que se va a obtener compensa el tiempo que se va a invertir. Aunque puede parecer demasiado obvio, hay que empezar por convocar solamente a aquellas personas cuya presencia es necesaria.

Los objetivos de una reunión pueden ser muy diversos. Entre los más habituales se encuentran los siguientes:

- ✎ Informar.
- ✎ Recibir información.
- ✎ Definir objetivos.
- ✎ Planificar.
- ✎ Formar.
- ✎ Analizar problemas.
- ✎ Debatir.
- ✎ Resolver problemas.
- ✎ Llegar a acuerdos.
- ✎ Tomar decisiones.

- ✎ Evaluar.
- ✎ Realizar un seguimiento.
- ✎ Posibilitar la interacción.

Lograr sacar el mayor partido de las reuniones y convertirlas en estrategias eficaces de trabajo en equipo requiere la aplicación de técnicas concretas, y también algo de arte y de química. El encaje completo de una reunión es algo más difícil de lo que en principio puede parecer. Una reunión se puede echar a perder con relativa facilidad.

ERRORES EN LAS REUNIONES

Muchos fallos en las reuniones surgen de la propia dinámica del trabajo en equipo. Los errores de comunicación ya comentados anteriormente tienen mucho que ver en ello. Resulta especialmente útil conocer cuáles son los problemas y dificultades más frecuentes que pueden y suelen dar al traste con las reuniones.

Veamos algunos ejemplos que hacen referencia a los errores en los que se incurre más habitualmente:

- ✎ *Objetivo:* «¿Pero cuál es el motivo de la reunión?»
- ✎ *Planificación:* «¿Cuál es el contenido?»
- ✎ *Preparación:* «Olvidé leer previamente la documentación.»
- ✎ *Procedimiento:* «¿Cómo se va a tomar finalmente la decisión?»
- ✎ *Dirección:* «Esto se está desviando del tema...»
- ✎ *Coordinación:* «¿Por qué no respetamos el turno de palabra?»
- ✎ *Participación:* «Yo prefiero escuchar.»
- ✎ *Intervención:* «Al final sólo va a hablar él.»
- ✎ *Motivación:* «¿Para qué voy a hablar?»
- ✎ *Emoción:* «Me saca de mis casillas.»
- ✎ *Organización:* «No podemos disponer de las fotocopias ni del cañón de proyección.»
- ✎ *Decisión:* «Estamos todos de acuerdo, ¿no? Pasemos a otro tema.»
- ✎ *Estructura:* «¿Por qué no hemos decidido primero este asunto?»
- ✎ *Necesidad:* «Para esto no había hecho falta que nos reuniéramos.»

- *Conclusión:* «Después de todo no llegamos a ningún sitio ni concluimos nada.»
- *Acuerdos:* «Ah, pero ¿de esto me tocaba encargarme a mí?»
- *Metodología:* «No sacaríamos nada en claro aplicando una lluvia de ideas.»
- *Documentación:* «Olvidé el informe y el acta.»
- *Convocados:* «¿Por qué nos han convocado a tantas personas?»
- *Seguimiento:* «¿Qué acuerdos se tomaron en la reunión anterior?»
- *Contenido:* «Creo que nos hemos ido del tema.»
- *Puntualidad:* «Si sólo han sido diez minutos de nada.»
- *Interferencias:* «Me llaman al móvil... es sólo un segundo.»
- Evaluación: «Por fin se acabó. Vamos al trabajo que es lo que importa.»
- *Registro:* «¿Nadie ha tomado notas?»
- *Actitud:* «Las reuniones no sirven para nada.»
- *Relación:* «Cuando toque votar su propuesta que no cuente con mi voto.»

DINÁMICA DE LAS REUNIONES

La dinámica de las reuniones presentará variaciones en función de aspectos tales como el objetivo, el contenido o el número de integrantes.

El reparto del tiempo de participación entre la persona que dirige la reunión, por un lado, y el resto del grupo, por otro, puede variar según sea el objeto de la reunión. En una reunión informativa es probable que el mayor porcentaje de participación recaiga en el director de la reunión, que puede acaparar en torno a un 80 por 100 de la participación; sin embargo, en una reunión de discusión o debate se invertiría ese porcentaje, y la participación del grupo ocuparía la mayor parte del tiempo.

Normalmente la participación en la reunión se puede traducir en muy diversas acciones y actividades:

Informar	Polemizar
Explicar	Opinar
Escuchar	Expresar
Preguntar	Criticar
Responder	Reforzar
Resumir	Emitir *feedback*
Escribir	Armonizar
Desarrollar	Coordinar
Valorar	Decidir
Reflexionar	Votar

Es necesario definir previamente con claridad qué es lo que se quiere sacar en claro de la reunión, confirmar a posteriori qué se ha logrado, y finalmente ponerlo por escrito.

Los resultados, salidas o productos de las reuniones pueden ser también de diversa índole. Los productos más habituales de las reuniones son:

- ✎ Ideas y sugerencias.
- ✎ Acuerdos tomados.
- ✎ Tareas a realizar.
- ✎ Responsables de llevarlas a cabo.
- ✎ Propuestas revisadas.
- ✎ Informaciones aportadas.
- ✎ Comisiones formadas.

El resultado positivo de una reunión aporta sensación de utilidad y contribuye a mejorar la imagen y la cultura de las reuniones de cara al futuro. Los participantes necesitan ver elementos tangibles, que queden registrados y recogidos claramente por escrito. Para ello se realiza un acta de la reunión.

Dinámica y proceso de una reunión

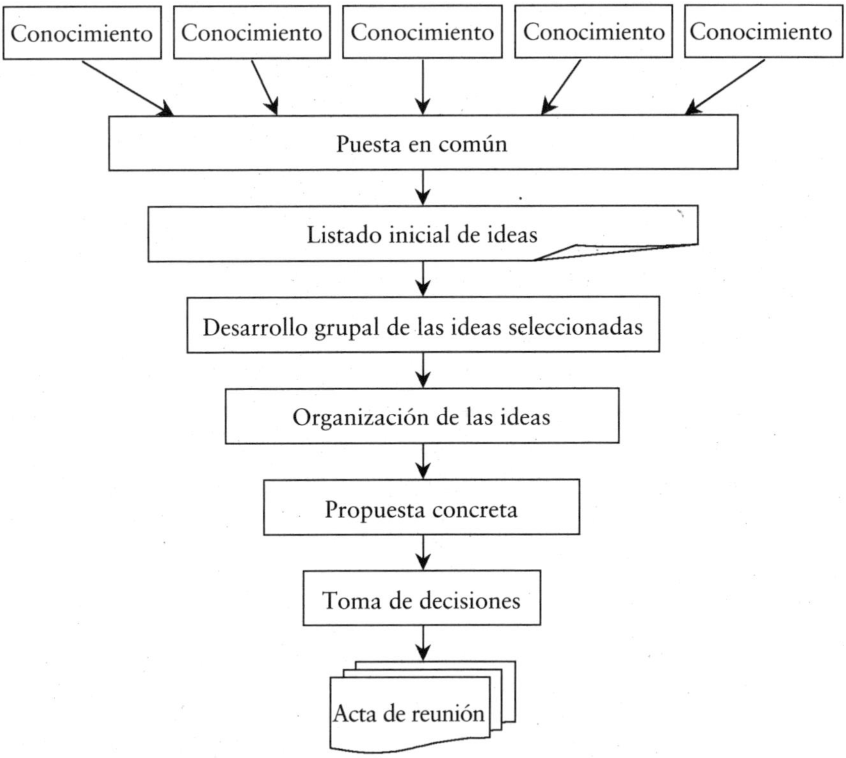

EL PAPEL DEL COORDINADOR

El resultado de la reunión depende en gran medida del eficaz desempeño de sus funciones por parte del moderador, director o coordinador de la misma. Entre las funciones y tareas de coordinación que será preciso realizar están las siguientes:

1. ***Diseño:*** marcar el objetivo, los temas a tratar, el orden del día o guión de la reunión, los tiempos, los procedimientos que se van a emplear para trabajar en el grupo, los contactos previos y la recogida de sugerencias, decisión sobre las personas a convocar o a las que se va a invitar a la reunión.
2. ***Preparación:*** realización de la convocatoria, confirmación de la asistencia, reserva de sala y recursos necesarios, elaboración y preparación de la documentación.

3. ***Apertura:*** introducción, presentación de los convocados, explicación del tema, objetivos, estructura, procedimientos, resultado esperado.
4. ***Dinamización:*** motivación, facilitación, formulación de preguntas, moderación e integración.
5. ***Control:*** de los tiempos, de la participación, de la secuencia y abordaje de los temas, aplicación de las técnicas de trabajo en grupo.
6. ***Conclusión:*** síntesis, resumen de acuerdos, cierre de la sesión, propuesta para una nueva convocatoria.

Algunos aspectos referidos a la logística pueden ser delegados. Como apoyo a la función de coordinación es necesario también que alguna persona realice funciones de secretaría. Esta persona estaría encargada de tomar notas y recoger la información, y de procesar, estructurar, sintetizar y darle forma, redactando el contenido.

Se elaboraría finalmente el *acta de la reunión* incluyendo información sobre:

- ✎ *contenidos,*
- ✎ *aportaciones* y alternativas presentadas,
- ✎ *decisiones y acuerdos,*
- ✎ *acciones* a emprender y *fechas* de realización,
- ✎ *responsables,*
- ✎ fecha de la *próxima reunión.*

En el siguiente punto analizamos la estructura de la reunión, mencionando los principales aspectos que se deben tener en cuenta y las actividades que se deben realizar a la hora de preparar y conducir la reunión.

GUÍA DE LA ESTRUCTURA DE LA REUNIÓN

A) Antes de la reunión:

1. *Planificación:*

- ✎ Tema y objetivo a lograr.
- ✎ Orden del día: puntos a tratar, problemas, decisiones.

- ✎ Asistentes, invitados.
- ✎ Decisiones sobre el lugar, fecha, hora y duración.

2. *Preparación:*

- ✎ Documentación.
- ✎ Citaciones e información necesaria.
- ✎ Confirmación de asistencia.
- ✎ Disponibilidad y adecuación de la sala: asientos, audiovisuales, etc.

B) Durante la reunión:

3. *Apertura:*

- ✎ Comenzar puntualmente.
- ✎ Exponer el objetivo, orden del día, duración y normas básicas.
- ✎ Solicitar la colaboración.

4. *Conducción de la reunión:*

- ✎ Motivar y mantener el interés y la moral alta.
- ✎ Estimular, sugerir y hacer preguntas.
- ✎ Fomentar la participación activa de todos los asistentes.
- ✎ Evitar la formación de subgrupos, o el monopolio de un solo grupo o sujeto.
- ✎ Marcar límite de tiempo a las intervenciones.
- ✎ Centrar el tema.
- ✎ Controlar los tiempos asignados a cada tema.
- ✎ Respetar las opiniones y aportaciones de los participantes.
- ✎ Coordinar los puntos de vista.
- ✎ Tomar notas y resumir al concluir cada tema.
- ✎ Facilitar la toma de decisiones.
- ✎ Clarificar las acciones que corresponden a cada sujeto.

5. *Cierre:*

- ✎ Resumir las conclusiones, enumerar las decisiones y los acuerdos tomados.
- ✎ Describir el plan de acción y los responsables.

- ✎ Comprobar que se conocen los acuerdos, plazos, responsables.
- ✎ Fecha de nueva convocatoria, si procede.
- ✎ Terminar puntualmente, respetando el horario previsto.
- ✎ Agradecer la colaboración.

C) **Después de la reunión:**

6. *Balance:*

- ✎ Realizar una evaluación de la reunión.
- ✎ Redactar y enviar el acta de la reunión, con la mayor brevedad posible.
- ✎ Informar a los interesados.
- ✎ Realizar el seguimiento de la ejecución y el curso de las decisiones tomadas.

En el próximo capítulo nos detenemos a analizar los diferentes estilos de liderazgo y las características principales que normalmente configuran el perfil del líder. Se estudian también las principales barreras para delegar, así como las condiciones óptimas para realizar una delegación eficaz.

REUNIONES

CONVOCATORIA

INICIATIVA:
OBJETO DE LA REUNIÓN:
LUGAR:
FECHA:
HORA:
CONVOCADOS:
ORDEN DEL DÍA:

EVALUACIÓN DE LA REUNIÓN

CRITERIOS:
—
—
—
—
—
—

ACTA DE LA REUNIÓN

ORGANIZACIÓN / EMPRESA:
FECHA:
HORA:
DURACIÓN:
PERSONAS AFECTADAS: PRESENTE, REPRESENTADO, INFORMADO, INVITADO.
OBJETO DE LA REUNIÓN:
ORDEN DEL DÍA:
DECISIONES:
ACCIONES / FECHAS:
RESPONSABLES:
FECHA DE LA PRÓXIMA REUNIÓN:

6

LIDERAZGO

«El carácter de una persona sólo se descubre cuando se convierte en patrón.»

ERICH MARÍA REMARQUE

EL LIDERAZGO

El poder es consustancial a las relaciones humanas por varios motivos:

- las relaciones humanas no son simétricas; se caracterizan por una cierta *disimetría* inherente a las mismas,
- en los grupos se establecen ciertas relaciones de *dependencia,*
- los sistemas sociales luchan constantemente contra la tendencia a la *desorganización* y al caos, y contra la amenaza de que el sistema llegue a desordenarse,
- el poder contribuye a satisfacer la necesidad de *defensa* del grupo contra elementos externos.

El poder puede manifestarse de múltiples formas: el diálogo y la argumentación, el manejo de la información, el uso de la fuerza, el miedo y la amenaza, la ayuda...

J. French y B. Raven han analizado el poder y han realizado una clasificación bastante precisa que incluye cinco tipos básicos de poder:

Análisis y clasificación de los tipos de poder. J. French y B. Raven

Tipo de poder	Características
De recompensa	Capacidad para recompensar, premiar, ofrecer incentivos.
Coercitivo	Capacidad para castigar, utilizar el miedo, la coacción.
Legítimo	Basado en la autoridad oficial legitimada, la estructura formal, las normas.
Experto	Basado en el conocimiento, la experiencia, el dominio de la materia.
Carismático	Capacidad de influencia y persuasión a partir de características personales.

Los tres primeros tipos representan un poder más formal, oficialmente establecido, instituido y reconocido. El poder experto y el poder carismático tienen, por su parte, un componente menos formal o institucional, y más dependiente de las características personales de quien lo ejerce.

En un sentido muy similar pueden establecerse algunas diferencias entre jefe y líder. El *jefe* es una persona designada formalmente para desempeñar las funciones propias de su cargo. El *líder* como tal surge de forma espontánea de la estructura informal, es elegido por los miembros del grupo, por lo que se convierte en el punto focal de la conducta de éste.

Se habla de liderazgo situacional para destacar que el liderazgo es contingente a la situación; se ve influido por variables situacionales. Dependerá, entre otras variables, de quién lo ejerce, cuántos lo ejercen, dónde, cuándo y para qué tarea, en qué circunstancias o sobre cuántas personas.

El liderazgo se puede ejercer de diferentes formas y estar más o menos distribuido. Lo puede ejercer, por ejemplo, un líder único, un grupo de personas, o puede ir rotando.

Las funciones que desempeña el líder tienen que ver con aspectos diversos:

Organización	Formación
Planificación	Delegación
Coordinación	Supervisión
Motivación	Evaluación

El líder se encargará de:

- ✎ posibilitar la definición de objetivos,
- ✎ facilitar los recursos y proveer los medios,
- ✎ mantener la estructura,
- ✎ facilitar la comunicación entre los miembros,
- ✎ mantener la dirección.

Liderar implica realizar una importante labor de coordinación. Es preciso decidir lo que se va a hacer, cómo hay que hacerlo, quién debe hacerlo, y cuándo hay que hacerlo. Hay muchas conductas y acciones propias del líder:

- ✎ representar al grupo,
- ✎ realizar propuestas,
- ✎ valorar propuestas,
- ✎ estructurar al grupo,
- ✎ posibilitar la toma de decisiones,
- ✎ evaluar o valorar,
- ✎ convocar encuentros,
- ✎ diseñar las reuniones,
- ✎ moderar y coordinar las reuniones,
- ✎ resolver problemas,
- ✎ asignar tareas,
- ✎ informar,
- ✎ motivar...

En la función de liderazgo están implicados dos tipos básicos de comportamiento:

— *Comportamiento de apoyo:* dirigido a las personas.
— *Comportamiento directivo:* dirigido a la tarea.

Estos tipos de comportamiento no se manifiestan con igual intensidad en los diferentes momentos evolutivos del grupo. La propia dinámica obliga al líder a ajustarlos para adaptarlos a las necesidades propias de cada una de las fases del desarrollo del grupo.

La dirección, el apoyo y la función de liderazgo

Comportamiento de apoyo	+	3. ASESORAR	2. SUPERVISAR
	−	4. DELEGAR	1. CONTROLAR
		− Comportamiento directivo	+

1. ***Controlar:*** durante la primera etapa de formación del grupo es necesaria una dirección clara y un mayor grado de control; aún no se conocen bien las tareas.
2. ***Supervisar:*** según va avanzando el grupo en el conocimiento de sus funciones, el líder va reduciendo el control, pasando a realizar actividades de supervisión e incrementando su comportamiento de apoyo a los miembros del equipo.
3. ***Asesorar:*** en el momento en que el grupo ya realiza con soltura sus funciones y conoce bien la dinámica de trabajo, es preciso reducir el comportamiento directivo e invertir más energías en apoyar más directamente a las personas y asesorar puntualmente al equipo.
4. ***Delegar:*** los miembros del equipo saben desempeñar eficazmente sus funciones, responsabilizándose directamente de ellas; requieren menos dirección y apoyo por parte del líder, que puede delegar a su vez nuevas funciones. El líder eficaz presta su apoyo cuando es necesario, en aquellos momentos en que surgen dificultades o problemas concretos, o cuando es requerido expresamente por el grupo.

TIPOS DE LIDERAZGO

Hemos visto que la función de liderazgo varía con el momento evolutivo del grupo y que está muy ligada a la situación y al contexto en el que éste se produce. Se habla, por tanto, de liderazgo situacional.

Conectando de algún modo con los distintos tipos de poder que analizamos anteriormente, se puede diferenciar, por ejemplo, entre liderazgo:

- ✎ *Posicional:* derivado de la posición que ocupa la persona; es el caso de un puesto de trabajo en el que se está en contacto directo con el usuario.
- ✎ *Jerárquico:* en función de la estructura y de las relaciones que establece la jerarquía formal. Es un poder institucionalmente legitimado, con capacidad para premiar y castigar.
- ✎ *Carismático:* liderazgo natural, derivado de las propias características personales del individuo.
- ✎ *Técnico:* o competencial, que emana de los especiales conocimientos, experiencias y habilidades del experto.

Pero en general, cuando se habla de liderazgo, se suelen barajar cuatro estilos o tipos de liderazgo especialmente diferenciados: el liderazgo autoritario, el paternalista, el liberal o *laissez-faire,* y el democrático. Analizamos en este punto las características específicas de cada uno de ellos.

1. ***Autoritario o autocrático:*** el líder generalmente es designado por alguna autoridad, aunque también puede haber sido elegido por el grupo. Es un estilo de liderazgo basado en la dominación de una sola persona o una camarilla, que ejerce un alto grado de control sobre el grupo. El líder toma las decisiones de forma unilateral, en nombre del grupo. Actúa como jefe, determina el modo de proceder del grupo y ejerce la autoridad por sí solo.

   El líder autocrático considera legítimas las diferencias de estatus y de poder. A la vez que es exigente y directivo, y que asume una actitud de autoridad y control hacia los individuos menos poderosos, su actitud es de conformidad con las normas y de subordinación y sumisión ante aquellos individuos de mayor estatus que él.

Liderazgo autoritario o autocrático

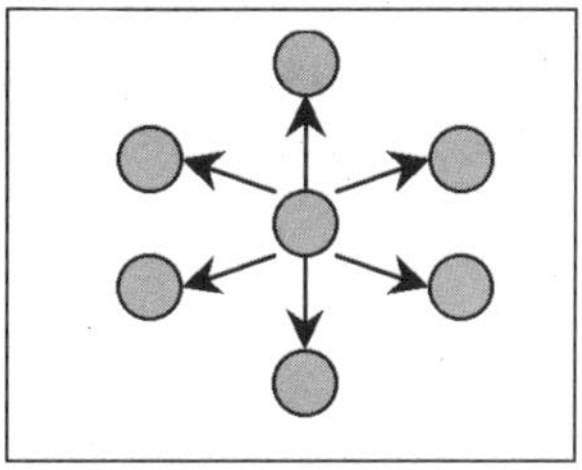

2. ***Paternalista:*** el liderazgo paternalista está basado en la protección y el amparo del líder protector, que se considera obligado a tomar decisiones en nombre el grupo para bien de éste. Ejerce el papel de «padre» del grupo, ocupando una posición central, asesorando, escuchando, supervisando y tratando a cada miembro del grupo de forma personalizada.

   Suele ser conciliador. Su conducta es cordial, amable y sutil, evitando las discusiones y atendiendo siempre las necesidades de su equipo. El exceso de protección puede acabar por minar las posibilidades de desarrollo de cada miembro como individuo. No delega, ni facilita que su grupo aprenda de los errores. El líder paternalista también tiene poder para castigar, por lo que a veces se puede producir un cierto solapamiento con el estilo autoritario.

Liderazgo paternalista

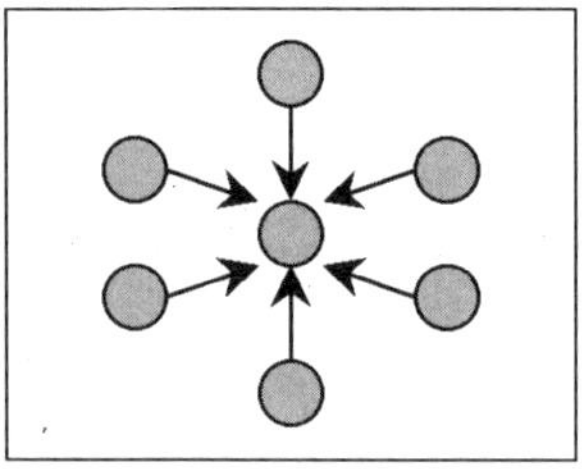

3. ***Permisivo o liberal:*** también conocido como *laissez-faire;* se trata de un liderazgo pasivo en el que el líder no participa en las actividades sino que «deja hacer», dando al grupo plena libertad para tomar decisiones. No se dan indicaciones u orientaciones a los miembros. No existe una coordinación y hay falta de objetivos, de planificación y de organización, resultando prácticamente imposible mantener una dirección común. Se basa más en el individualismo, en acciones e iniciativas más individuales y espontáneas. Nadie decide finalmente, la apatía y el desaliento suelen aflorar, y el grupo termina por desintegrarse.

Liderazgo permisivo o liberal

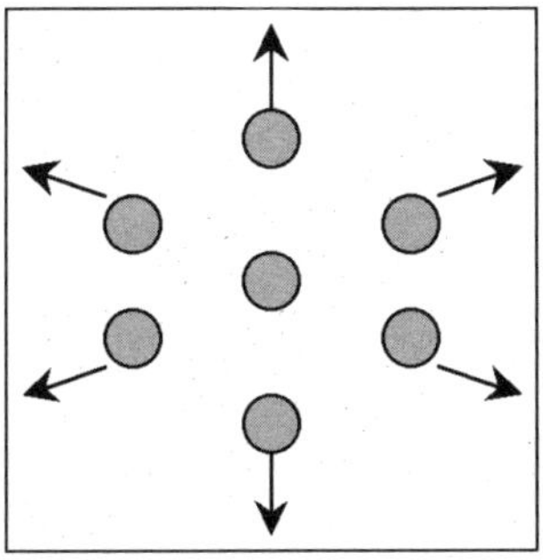

4. ***Democrático o participativo:*** el liderazgo es compartido, el poder de decisión está repartido y basado fundamentalmente en el consenso. El líder democrático permite al grupo avanzar y proponer con libertad los planteamientos generales. Recoge las diferentes aportaciones y valora las sugerencias, sugiere procedimientos y estrategias alternativas. Su labor va más encaminada a coordinar, motivar, impulsar la participación, facilitar la comunicación, promover la integración y potenciar la cooperación. Para ello se fomenta un clima de libertad, de respeto y de espontaneidad.

Todos los miembros están implicados, participan y trabajan juntos para alcanzar objetivos o resolver problemas comunes. Se logra una elevada cohesión y se favorece tanto el desarrollo grupal como el individual. A través de la intervención en el grupo se potencia la calidad de las relaciones interpersonales, el crecimiento individual y el desarrollo personal.

Liderazgo democrático o participativo

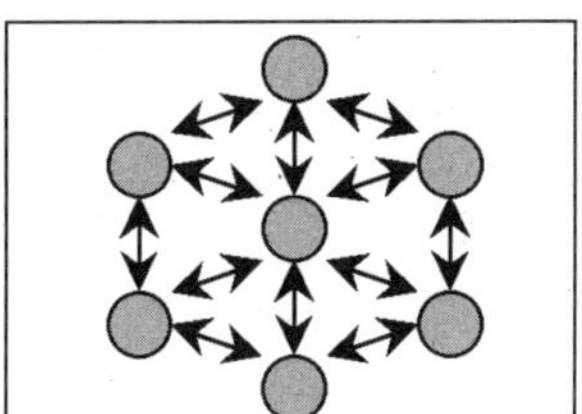

Tabla comparativa de los estilos de liderazgo en los grupos y sus características diferenciales

	Toma de decisiones	Comunicación	Participación	Clima	Eficacia
Autoritario o autocrático	Jefe unilateralmente	Vertical descendente	Líder, alta Miembros, baja	Hostilidad	Alta en crisis
Paternalista	Líder	Vertical ascendente	Líder, alta Miembros, alta	Bienestar aparente	Relativa
Permisivo o liberal	Nulas Individuales	Escasa	Líder, baja Miembros, baja	Espontaneidad Apatía	Baja
Democrático o participativo	Consenso	Horizontal Fluida	Líder, baja Miembros, alta	Cohesión Buena relación	Muy alta

Diversas investigaciones realizadas sobre los diferentes estilos de liderazgo han arrojado los siguientes resultados y conclusiones generales:

- ✎ El liderazgo distribuido y la toma de decisiones compartida aumenta la implicación y el compromiso con las metas, así como el interés por participar.
- ✎ El liderazgo autocrático provoca más hostilidad, irritabilidad y agresividad, y da lugar al surgimiento de chivos expiatorios.
- ✎ El liderazgo permisivo o liberal se caracteriza en general por su falta de productividad y eficacia, y por las dificultades que presenta para alcanzar objetivos; el grupo, sin embargo, puede manifestar más satisfacción con este estilo de liderazgo que con el autocrático.
- ✎ El liderazgo paternalista ofrece a veces una imagen de aparente bienestar, pero dificulta el desarrollo personal de los miembros y no aprovecha todo el potencial del grupo.
- ✎ El liderazgo participativo resulta más eficaz para el cambio de actitudes.

El reparto de la intervención tanto del líder como del grupo varía en cada uno de los estilos de liderazgo:

- ✎ El liderazgo democrático promueve una alta intervención por parte del grupo.
- ✎ En el autocrático se da bastante protagonismo y posibilidad de intervención al líder.
- ✎ El liderazgo paternalista promueve la intervención tanto del líder como del grupo.
- ✎ En el liderazgo permisivo o liberal la intervención de ambos es escasa.

Grado de intervención del líder y del grupo en los diferentes tipos de liderazgo

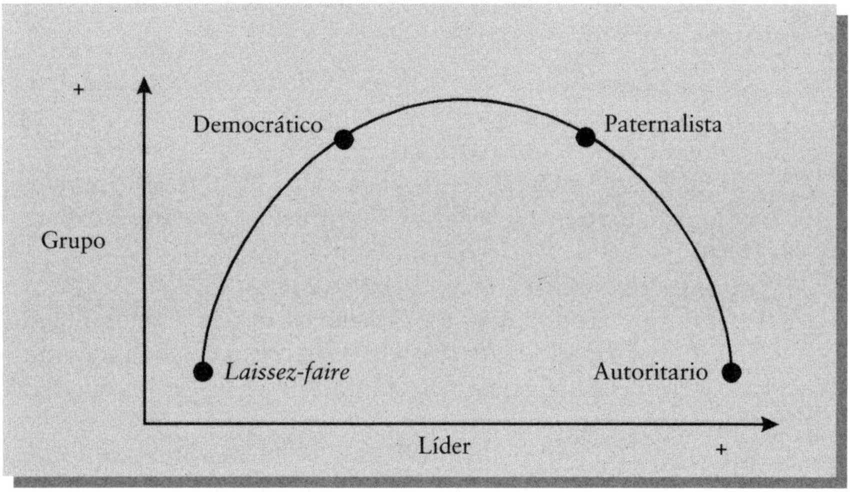

CARACTERÍSTICAS DEL LÍDER

En la emergencia del liderazgo intervienen muchas variables:

- ✎ Antigüedad y experiencia en el grupo.
- ✎ Posición en la estructura del grupo.
- ✎ Apoyo de una instancia superior.
- ✎ Carisma personal.
- ✎ Credibilidad.
- ✎ Competencia en la tarea.
- ✎ Capacidad de trabajo.
- ✎ Capacidad de organización
- ✎ Habilidades de comunicación.
- ✎ Habilidades sociales.
- ✎ Capacidad para resolver problemas.
- ✎ Capacidad de mediación en la resolución de conflictos.

Con frecuencia se habla del buen líder como de esa persona capaz de sacar lo mejor de cada miembro del equipo y lo mejor del equipo en su conjunto. El «buen» líder cuida a sus colaboradores, confía en ellos y les ayuda a desarrollarse y a obtener el éxito por sí mismos.

La autoridad no es una condición suficiente para liderar. El sentido de la justicia y de la equidad del líder, su ecuanimidad y su imparcialidad de juicio le confieren la autoridad moral con frecuencia necesaria y muchas veces imprescindible para liderar de forma eficaz.

LIDERAR = CUIDAR + CONFIAR

Liderazgo implica convicción, vocación, dirección y entusiasmo. El líder es una garantía, un modelo y una referencia para el grupo. Es un facilitador, un catalizador de los procesos grupales. Apoya y está atento a su equipo, y confía en él.

Vimos anteriormente algunas de las variables que intervienen en la función de liderazgo. Algunas ya adelantaban la descripción de las cualidades propias del líder. Entre sus principales características, capacidades y habilidades, destacan las siguientes:

1. **Físicas:**
   - capacidad de trabajo,
   - resistencia a la fatiga.

2. **Intelectuales:**
   - inteligencia media-alta,
   - fluidez verbal.

3. **Sociales:**
   - comunicación,
   - motivación,
   - sociabilidad,
   - sensibilidad social / empatía,
   - popularidad / simpatía,
   - trabajo en equipo,
   - ecuanimidad,
   - asertividad,
   - cooperación,
   - confiabilidad,
   - delegación,
   - apoyo.

4. **Psicológicas:**

   — equilibrio,
   — control,
   — autoconfianza,
   — estabilidad emocional,
   — tenacidad,
   — resistencia a la frustración,
   — iniciativa,
   — creatividad.

5. **Competencia práctica:**

   — conocimiento,
   — información,
   — aptitudes específicas,
   — eficacia,
   — responsabilidad.

La inteligencia es una cualidad deseable. Sin embargo, cuando la persona presenta una inteligencia excesivamente alta puede provocar rechazo en el grupo.

La fluidez verbal y la capacidad de comunicación son necesarias, dado que el líder es destinatario de un elevado número de comunicaciones, recibiendo y emitiendo constantemente información y *feedback*. Su conducta también se orienta a las relaciones, impulsando la interacción y la cohesión y elevando la moral del grupo.

Es también una persona confiable. Un líder excesivamente original, inconformista y poco convencional puede provocar inseguridad, rechazo e insatisfacción en el grupo.

En lo referente a las cualidades psicológicas es especialmente importante que el líder sea una persona equilibrada, con una puntuación baja en ansiedad. Su seguridad y sensación de control evita que manifieste reacciones defensivas. Un perfil de personalidad inestable, con rasgos neuróticos o maniaco-depresivos, por ejemplo, se alejaría del perfil ideal del líder.

El líder eficaz...

1. Tiene claros los objetivos y el proyecto.
2. Comunica con claridad y se asegura la comprensión.
3. Motiva, despierta entusiasmo, eleva la moral.
4. Se interesa por cada miembro de su equipo, por sus necesidades, aptitudes y motivaciones.
5. Confía en sus subordinados y delega en ellos.
6. Toma decisiones sin autoritarismo, teniendo en cuenta las sugerencias del grupo.
7. Es justo e imparcial en las decisiones que adopta.
8. Trata con respeto y consideración a sus colaboradores.
9. Fomenta la participación; recoge, valora e integra las aportaciones de todos.
10. Valora, elogia, refuerza y apoya a su equipo.

LA DELEGACIÓN

Una de las cualidades que hemos destacado en el líder es su capacidad para delegar. Delegar supone transferir el poder de una persona a otra para que obre en representación suya en un determinado asunto. Según se avanza en la función de liderazgo aumenta también el número de funciones de las que no tiene por qué encargarse personalmente el líder.

La delegación es una herramienta esencial para el trabajo en equipo que a su vez contribuye también a optimizar la gestión del tiempo. Aunque inicialmente exige un tiempo extra de formación, preparación, puesta en marcha y supervisión, la delegación eficaz supone un indiscutible ahorro de tiempo a largo plazo que el líder puede emplear a su vez para la formación y la asunción de nuevas responsabilidades.

La delegación va unida a la necesidad de dar formación a las personas en las que se delega. Delegar no es simplemente asignar tareas. Es transferir a otros autoridad y responsabilidad para desarrollar determinados trabajos.

Hay una cierta contradicción en lo que a delegación de responsabilidad se refiere. La responsabilidad puede delegarse; sin embargo, aun habiéndola delegado, se conserva íntegramente. La delegación no exime a la persona que delega de su responsabilidad; es preciso garantizar la idoneidad de la persona en la que se delega, proporcionar y asegurar una formación previa, y realizar una supervisión, un control y un seguimiento sobre las actividades delegadas.

Cuando se delega, los niveles de autoridad pueden variar en un continuo en el cual el subordinado puede:

- facilitar la información pertinente para que el jefe sea quien finalmente tome la decisión,
- presentar al jefe las diferentes alternativas y posibilidades, con sus correspondientes ventajas e inconvenientes, indicando cuál es en su opinión la más idónea, pero dejando la decisión en manos del jefe,
- informar del plan y esperar el visto bueno y la aprobación por parte del jefe,
- informar del plan y llevarlo a cabo, en caso de que no haya manifestación en contra por parte del jefe,
- actuar con autonomía, pero manteniendo informado al jefe,
- actuar de forma autónoma e independiente.

BARRERAS EN LA DELEGACIÓN

Las dificultades a la hora de delegar se suelen envolver de argumentos que parecen bastante razonables, pero que finalmente resultan ser, en la mayoría de los casos, simples excusas:

- El *jefe* puede argumentar que no dispone de subordinados lo bastante competentes como para delegar.
- Los *subordinados*, a su vez, se quejan de que si no se delega en ellos nunca podrán alcanzar las competencias necesarias.

Tras la falta de delegación suele esconderse el miedo. Pero también podemos hablar de otros muchos obstáculos que dificultan o impiden la delegación. Las barreras en la delegación tienen su origen tanto en la persona que delega como en el delegado.

Las principales barreras en la delegación por parte de la **persona que delega** derivan de:

- ✎ Experiencias precedentes de delegación que han resultado negativas.
- ✎ Miedo a ser superado o incluso sustituido por los subordinados.
- ✎ Renuncia a ceder autoridad.
- ✎ Inseguridad personal.
- ✎ Falta de confianza en los subordinados.
- ✎ Desconocimiento de qué funciones puede delegar.
- ✎ Desconocimiento de cómo realizar el proceso de delegación.
- ✎ Escasas dotes de organización, que provoca desequilibrios en la distribución de las cargas de trabajo.
- ✎ Dificultad o escasa capacidad para transmitir, explicar y formar al personal.
- ✎ Dificultad para efectuar el seguimiento correspondiente y establecer controles de forma eficaz.
- ✎ Dificultad para asumir y aceptar los errores.
- ✎ Exigencia de que todo el mundo conozca y esté al corriente de todos los detalles.
- ✎ Necesidad excesiva de control.
- ✎ Exceso de perfeccionismo.

También hay barreras en la delegación que tienen su origen en la **persona en la que se delega:**

- ✎ Excesiva dependencia del jefe.
- ✎ Renuncia a aceptar responsabilidades.
- ✎ Sobrecarga de trabajo.
- ✎ Sensación de que la delegación se utiliza para deshacerse de los trabajos y tareas más desagradables, y de que esos son los que se le asignan.
- ✎ Presión del grupo para que nadie acepte voluntariamente nuevas responsabilidades.
- ✎ Escasa capacitación; incompetencia o desconocimiento de las funciones.
- ✎ Falta de experiencia.
- ✎ Desorganización; dificultad para entender y atender a las prioridades.

- Miedo al error y a las posibles consecuencias negativas que puedan derivarse del mismo.

DELEGACIÓN EFICAZ

La delegación eficaz implica la clarificación y la toma de decisiones respecto a:

- *Objetivo:* por qué se delega; cuál es el resultado esperado.
- *Contenido:* qué es lo que se delega.
- *Persona:* en quién se delega; la idoneidad del perfil del delegado.
- *Condiciones:* cómo debe actuar; grado de supervisión.
- *Recursos:* con qué recursos; disponer los medios necesarios.
- *Formación:* formar para la realización de la tarea.
- *Motivación:* animar al inicio y durante el proceso, reconocer y felicitar los logros.
- *Plazos:* cuándo debe terminarse cada fase o el proyecto.

Hay que evitar delegar tareas que puedan afectar a la coordinación, al control y al propio liderazgo, a la definición de políticas y objetivos, a la asignación de tareas y al clima del grupo. Los aspectos disciplinarios tampoco deben ser delegados.

La delegación contribuye a la formación del equipo del que se es responsable. Las personas en las que se delega deben tener claro qué se espera de ellos. Deben recibir instrucciones claras sobre qué deben conseguir y cómo hacerlo. Además de tener motivación y disposición para alcanzar los objetivos, deben reunir el perfil que les capacite para conseguirlos.

Es preciso también clarificar las atribuciones que se conceden, así como el nivel de autoridad asignado. Hay que definir con claridad los límites de la responsabilidad que se delega, las prioridades, así como el rendimiento y los estándares de calidad esperados.

Es preferible delegar por resultados y no por actividades. Hay que dejar un cierto margen de flexibilidad en los métodos para subrayar y poner el acento en los resultados, permitiendo también un cierto margen de error.

En general no conviene establecer más controles de los precisos para vigilar el proceso. Normalmente se puede realizar estableciendo reuniones de seguimiento, o a través de la elaboración y revisión de informes periódicos. Ese control debe efectuarse de forma que se garantice y asegure un cierto tiempo disponible para poder aplicar las medidas correctoras en caso de que se produzcan desviaciones. La supervisión debe ser tanto mayor cuanto mayor sea el riesgo de error, y cuanto más graves puedan ser las posibles repercusiones y consecuencias del mismo.

Una actitud proactiva por parte de la persona en la que se ha delegado contribuye a hacer más eficaz la delegación. Eso implica no esperar a reaccionar según se van produciendo los acontecimientos, sino tomar la iniciativa y anticiparse, redactar un plan de acción y presentárselo al responsable del equipo, aportar soluciones a los problemas que van surgiendo, etc.

En el último capítulo abordamos la toma de decisiones y la resolución de los conflictos en el seno de los grupos. Se analizarán también aspectos como la conformidad y las estrategias que contribuyen a mejorar la solución de los problemas humanos en general.

Características del líder

Describe al líder, según tu criterio, trazando su perfil a través de estas características bipolares.

	Muy	Bastante	Algo	Medio	Algo	Bastante	Muy	
Inteligente	—	—	—	—	—	—	—	No inteligente
Autoritario	—	—	—	—	—	—	—	Democrático
Empático	—	—	—	—	—	—	—	No empático
Convencional	—	—	—	—	—	—	—	No convencional
Equilibrado	—	—	—	—	—	—	—	Inestable
Seguro de sí mismo	—	—	—	—	—	—	—	Inseguro
Autoestima elevada	—	—	—	—	—	—	—	Baja autoestima
Ineficaz	—	—	—	—	—	—	—	Eficaz
Competente	—	—	—	—	—	—	—	Incompetente
Popular	—	—	—	—	—	—	—	Impopular
Delega	—	—	—	—	—	—	—	No delega
Buen comunicador	—	—	—	—	—	—	—	Mal comunicador
Simpático	—	—	—	—	—	—	—	Antipático
Agresivo	—	—	—	—	—	—	—	Sumiso
Cooperativo	—	—	—	—	—	—	—	Competitivo
Responsable	—	—	—	—	—	—	—	Irresponsable
Persistente	—	—	—	—	—	—	—	No persistente
Motiva	—	—	—	—	—	—	—	No motiva
Insociable	—	—	—	—	—	—	—	Sociable
Indeciso	—	—	—	—	—	—	—	Decidido
Confiable	—	—	—	—	—	—	—	No confiable
Injusto	—	—	—	—	—	—	—	Justo

7

DECISIONES Y CONFLICTOS

«Hay quien cree contradecirnos
cuando no hace más que repetir su opinión
sin atender a la nuestra.»

JEAN WOLFGANG GOETHE

CONFORMIDAD

Cuando se toman decisiones en grupo se pueden obtener diferentes grados de acuerdo. Independientemente del asunto sobre el que se decide, los diferentes grupos muestran distintos grados de acuerdo, asentimiento o consentimiento. Hay algunos grupos que presentan buena correspondencia, unión y concordia entre sus miembros, y se adhieren y convienen en opiniones similares con cierta facilidad. Otros grupos, en cambio, manifiestan abiertamente su disconformidad respecto a los temas o las decisiones que se desean tomar.

El grado de conformidad que manifiestan los individuos en los grupos se ve afectado por algunas variables, entre las que podemos destacar las siguientes:

- ✎ *Atracción del grupo:* la conducta de conformidad es más probable cuando el grupo resulta más afín, atractivo e interesante para sus miembros.
- ✎ *Unanimidad:* cuando todo el grupo manifiesta su unanimidad, el sujeto que está en desacuerdo recibe una mayor presión hacia la conformidad.
- ✎ *Apoyos:* es más probable revelar el desacuerdo cuando se cuenta con el apoyo de otro u otros miembros del grupo que puedan respaldar nuestra postura.
- ✎ *Estatus:* el individuo recibe una influencia tanto mayor por parte del grupo cuanto menor es su estatus, importancia o nivel social dentro del mismo.

- ✎ *Privacidad:* la conformidad tiende a ser mayor cuando las opiniones se tienen que manifestar públicamente; es más fácil expresar desacuerdo cuando el voto es secreto.
- ✎ *Información disponible:* el mayor dominio, conocimiento, experiencia e información relativos a la decisión que se va a tomar permite salvar la posible presión del grupo en favor de la conformidad.
- ✎ *Ambigüedad de la tarea:* cuando la tarea es ambigua es más fácil que la persona se someta a la opinión mayoritaria del grupo.
- ✎ *Historia de decisiones:* la manifestación inicial o previa de conformidad relativa a otras decisiones anteriores permite una mayor tolerancia posterior a la disconformidad que cuando ésta se manifiesta desde el inicio.
- ✎ *Tamaño del grupo:* en general, cuanto mayor es el número de personas en el grupo mayor es la probabilidad de que se manifieste conformidad con los juicios de la mayoría; los grupos pequeños facilitan la expresión del desacuerdo.
- ✎ *Estructura igualitaria:* tal y como vimos en capítulos anteriores, en las redes descentralizadas se muestra mayor conformidad con las normas.
- ✎ *Participación:* la posibilidad misma de participar en la elaboración de las normas o en la toma de decisiones aumenta la conformidad con las normas y las decisiones finalmente adoptadas.
- ✎ *Cohesión:* un alto grado de cohesión afecta positivamente a la conformidad con las decisiones, y muy especialmente con las normas.
- ✎ *Inteligencia:* los individuos más inteligentes suelen manifestar su desacuerdo con mayor frecuencia.
- ✎ *Tipo de liderazgo:* un estilo de liderazgo más autoritario dentro del grupo contribuye a la demostración de una conformidad aparente, reduciendo la probabilidad de revelar públicamente el desacuerdo.

ESTRATEGIAS PARA TOMAR DECISIONES

A la hora de tomar decisiones el grupo puede emplear estrategias diferentes. El tipo de fórmula más idóneo para tomar una decisión puede depender más de la naturaleza del asunto que se trata de decidir que del tipo de grupo, aunque las características de éste también son una variable a tener en cuenta.

La toma de decisiones se pueden realizar por:

- *Un solo sujeto:* una persona decide por el grupo.
- *Mayoría absoluta:* cuando más de la mitad del grupo se manifiesta a favor.
- *Mayoría relativa:* se decide la opción más votada entre varias.
- *Unanimidad:* cuando ha sido avalada por el cien por cien de los votos.
- *Consenso:* desde posiciones divergentes las partes ceden hasta llegar a una solución aceptable por todos.
- *Derecho a veto:* permite que un solo voto en contra pueda invalidar una mayoría a favor.

En las decisiones tomadas por un *solo sujeto,* los demás miembros del grupo generalmente no se sienten implicados con las decisiones tomadas. Otro inconveniente que presenta es que la persona que toma la decisión puede no disponer de toda la información, lo que afecta a la calidad de la decisión tomada.

El sistema de *votación* puede derivar en alianzas y coaliciones. El grupo se puede polarizar en dos bandos: vencedores y vencidos. Generalmente los perdedores en la votación no se inclinan a apoyar a la mayoría, se sienten marginados y tienden a sabotear de algún modo la ejecución de las decisiones adoptadas.

Muchas veces se obtiene una unanimidad ficticia y artificial mediante la utilización de algunas preguntas típicas que suelen formularse con rapidez antes de pasar a otro tema: «¿Hay alguna persona en contra? Estamos todos de acuerdo, ¿no? Bien, pasemos a otro asunto».

El *consenso* busca el acuerdo a partir de escuchar realmente y en profundidad a todas las partes: las ideas de todos son tenidas en cuenta, y la opinión de la minoría es escuchada y tomada en consideración, aun cuando se trate sólo de una opinión minoritaria.

EL PROCESO DE TOMA DE DECISIONES

El proceso de toma de decisiones en grupo puede realizarse siguiendo una secuencia de fases o etapas que contribuyen a incrementar su eficacia:

1. *Asunto o tema objeto de decisión:* se explicita formalmente la necesidad de tomar una decisión, así como el inicio formal del proceso.
2. *Exposición de información necesaria y pertinente:* se pone en conocimiento de todos la información necesaria, con objeto de que todos puedan arrancar de un mismo punto de partida, entender algunos aspectos que pueden resultar más complejos y participar en el proceso.
3. *Reconocimiento y/o generación de alternativas:* se buscan y seleccionan alternativas o se generan otras nuevas.
4. *Análisis de las alternativas:* se ponen en común y analizan las ventajas e inconvenientes, los riesgos, el interés y la viabilidad de cada una de ellas.
5. *Valoración de las alternativas:* selección de criterios y ponderación cuantitativa de cada una de las alternativas.
6. *Elección de la alternativa:* se elige la alternativa más adecuada, generalmente tras un proceso de votación.
7. *Formalización de la decisión tomada:* se valida la decisión tomada, explicitándola formalmente.
8. *Ejecución o aplicación:* se lleva a efecto la decisión.
9. *Seguimiento y evaluación del resultado:* se mide el resultado y se comparan las posibles desviaciones con el resultado esperado inicialmente.

Estrategia para la toma de decisiones

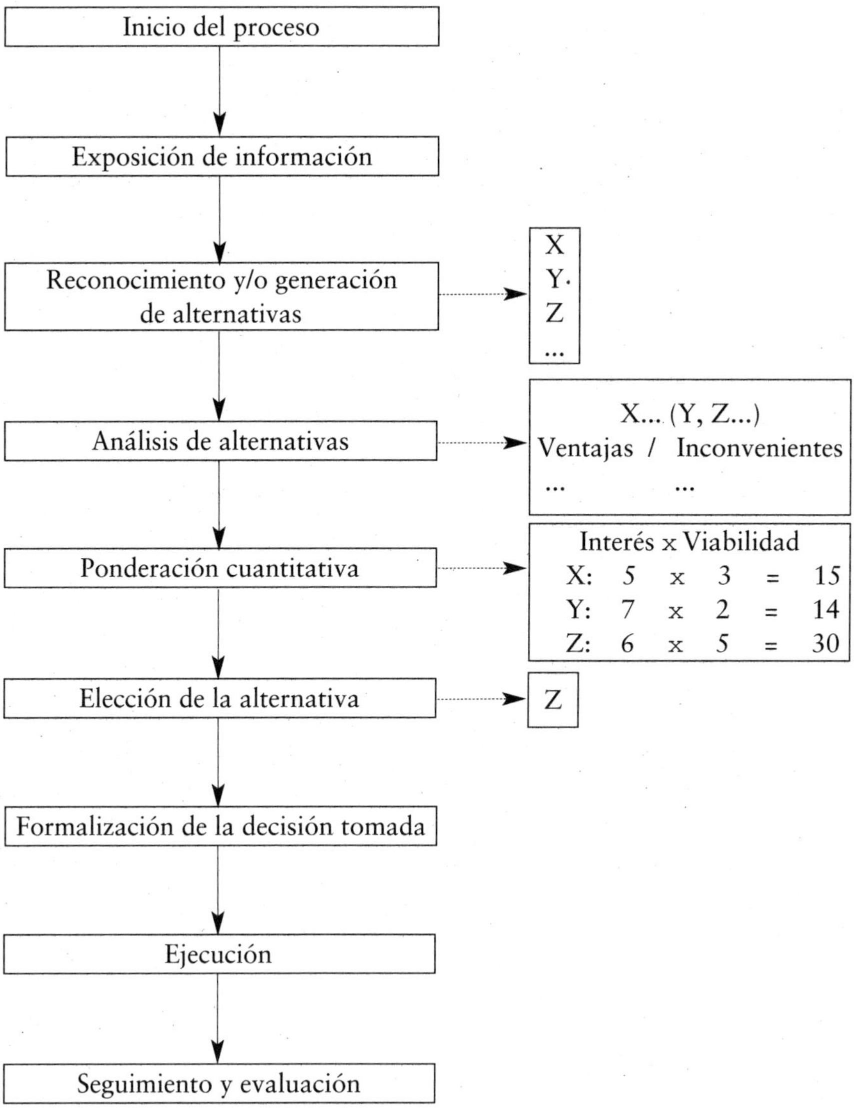

A la hora de realizar la valoración de las alternativas puede aplicarse la estrategia de asignar puntuaciones a los distintos elementos objeto de análisis: ventajas, inconvenientes, interés, viabilidad, riesgos... Eso permite ponderar cuantitativamente cada alternativa.

Se pueden puntuar las ventajas y los inconvenientes por separado y realizar la comparación posterior. También se puede realizar una valoración global del interés de cada alternativa y de su viabilidad, y poner en relación estos datos a través, por ejemplo, de una multiplicación.

Para incrementar la eficacia en todo el proceso de toma de decisiones conviene tener en cuenta una serie de aspectos que contribuyen a optimizar el resultado del mismo:

- ✎ clarificar previamente cuál va a ser el *procedimiento* o sistema que se va a utilizar para tomar la decisión,
- ✎ abordar por separado las *fases* de generación, selección y valoración de alternativas,
- ✎ crear un *clima* propicio, que posibilite y potencie la comunicación, la confianza, la cohesión o la creatividad,
- ✎ posibilitar la *participación* de todos. Evitar el afán de protagonismo y la manipulación de las decisiones por parte de una persona o un subgrupo,
- ✎ contar con las opiniones y criterios de los *expertos* que tengan un mayor conocimiento del tema, permitiéndoles una participación e intervención especiales. Esto implica evitar buscar una igualdad irreal entre los miembros que puede afectar negativamente a la calidad de la decisión tomada,
- ✎ buscar *objetividad* en el análisis; reducir las posibles interferencias producto de apreciaciones subjetivas,
- ✎ conjugar el sentido crítico y la *flexibilidad,*
- ✎ buscar cierta *agilidad* en la toma de decisiones, pero sin precipitación. Evitar la parálisis por análisis, que suele conducir a quedarse anclado debatiéndose entre ideas contradictorias sin llegar a tomar ninguna decisión.

COOPERACIÓN Y COMPETICIÓN

«La cooperación es la convicción plena de que nadie puede llegar a la meta si no llegan todos.»

VIRGINIA BURDEN

K. Lewin y M. Deutsch establecieron tres formas básicas de interacción:

- *Trabajo competitivo:* competición entre dos miembros para poder superar al otro.
- *Trabajo individual:* conseguir la propia meta sin atender ni preocuparse de los demás.
- *Trabajo cooperativo:* interés tanto por el trabajo y el éxito propio como por el de los demás.

La ***cooperación*** es una situación social de interacción en la que las metas de los individuos van estrechamente ligadas, de modo que se comparte el logro de los objetivos. El logro del objetivo por parte de un individuo está vinculado a que los demás también alcancen los suyos. Se da una correlación positiva entre ambos. Así pues, las personas tenderán a cooperar para alcanzar sus objetivos respectivos, y el hecho de trabajar en grupo supondrá un refuerzo y una recompensa para los individuos.

La conducta ***individualista*** va asociada a la independencia entre la consecución de cada uno de los objetivos individuales. En este caso no existe correlación alguna entre el logro de sus objetivos respectivos. El hecho de que cualquier participante logre su objetivo no afecta, en ningún sentido, al logro de los objetivos por parte del resto de los miembros. De este modo, cada persona busca de forma individual lograr su objetivo sin tener en cuenta a los otros miembros. La recompensa que puede obtener cada individuo deriva exclusivamente de su propio trabajo.

La ***competición,*** por su parte, implica que las metas de los individuos que participan están relacionadas de tal modo que la consecución del objetivo por parte de un miembro se produce sólo si los demás no logran alcanzar el suyo. La anterior correlación positiva que veíamos en la cooperación ha invertido aquí su signo. La máxima recompensa que puede obtener cada individuo se deriva de que los demás no obtengan recompensa u obtengan la mínima posible.

Formas básicas de interacción. K. Lewin y M. Deutsch

	Competitivo	Individualista	Cooperativo
Percepción del otro	Rival	Indiferente	Colaborador
Correlación entre la meta personal y la de los demás	Negativa	Independiente	Positiva
Base de la recompensa	Individual y no grupal	Sólo individual	Individual y grupal

Generalmente, los grupos se muestran más cooperativos cuando los objetivos del grupo son homogéneos, y más competitivos cuando los objetivos son heterogéneos. La falta de organización también puede incrementar la competitividad en los grupos.

La situación cooperativa, en comparación con la situación social competitiva, se caracteriza principalmente porque de ella se derivan en general las siguientes consecuencias:

- coordinación de esfuerzos,
- subdivisión de la actividad,
- esfuerzo dirigido a la consecución del objetivo,
- sentido de la responsabilidad,
- atención a los compañeros del grupo,
- compromiso mutuo con la comunicación y el intercambio de información,
- aprovechamiento y calidad de las discusiones,
- calidad de los resultados o productos del grupo,
- moral más elevada,
- valoración y evaluación favorable del grupo.

Aunque no siempre es así, diversas investigaciones muestran que los grupos cooperativos tienden a emprender actividades más especializadas, son más productivos y tienen una moral más elevada. La ansiedad por la productividad, inherente al grupo competitivo, puede obstaculizar la eficacia grupal.

En el trabajo en equipo parece aconsejable poner en práctica la estrategia de:

- *competir* con uno mismo, con objeto de buscar la superación personal, y
- *cooperar* con los demás en el ámbito grupal.

EL CONFLICTO EN EL GRUPO

Los sistemas crecen y se desarrollan a partir de las similitudes y diferencias de los elementos que los integran. Con frecuencia, las diferencias generan conflictos.

Podemos definir conflicto como aquella situación en la que los actores o las partes implicadas siguen metas diferentes, valores contradictorios o intereses opuestos, pero también puede haber conflicto cuando ambas partes persiguen la misma meta.

Conflicto no es igual que competición. La competición no implica necesariamente conflicto, aunque puede hacerlo. Sin embargo, el conflicto sí supone competición.

La ausencia de conflictos en un grupo puede ser más aparente que real, y ser debida probablemente a una fuerte jerarquía. También puede darse el caso de que algunos conflictos sean irreales, que la causa real no aparezca a simple vista, o que no tenga relación con la queja original.

Los conflictos en el grupo son predecibles. Si el responsable no percibe el descontento inicial probablemente los problemas crecerán. Hay una serie de síntomas que pueden revelar que se está incubando un conflicto:

- crisis,
- tensión,
- malentendidos,
- incidentes,
- incomodidad,
- clima enrarecido,
- rumores,
- percepción selectiva,
- percepción negativa del otro,
- deficiencias en la cantidad y calidad de la comunicación.

Una vez declarado el conflicto hay que afrontarlo, dialogar, analizar las causas de la forma más objetiva posible, buscar las soluciones de forma conjunta, analizar sus implicaciones para el desarrollo del trabajo, tomar decisiones y realizar un seguimiento de su eficacia y validez.

El conflicto puede ser un reto y una oportunidad de superación. Decía Horacio que la adversidad tiene el don de despertar talentos ocultos que en la prosperidad habrían permanecido durmiendo.

Como vimos al referirnos a la dinámica y la evolución de los grupos, éstos no nacen hechos. El conflicto también es una oportunidad para ir construyendo el grupo.

El conflicto puede producir en el grupo *consecuencias positivas:*

- ✎ *cambio,* introduciendo modificaciones sobre el funcionamiento anterior,
- ✎ *creatividad,* en busca de nuevas alternativas y posibilidades,
- ✎ *flexibilidad,* eliminando la posible rigidez en su funcionamiento,
- ✎ *productividad,* buscando soluciones, propuestas de mejora,
- ✎ *distensión,* al liberar energías contenidas que podían afectar al rendimiento,
- ✎ *motivación,* estimulando para emprender nuevos retos,
- ✎ *cohesión,* especialmente cuando es resuelto de forma cooperativa,
- ✎ *especialización,* mayor conocimiento y habilidad para determinadas funciones,
- ✎ *aprendizaje,* de habilidades de comunicación o negociación.

Así pues, la clave no está en el conflicto en sí mismo, sino en cómo se gestiona y en cómo se resuelve. Un conflicto sobre un tema de gran relevancia, que adquiere una elevada intensidad, que no queda resuelto de forma satisfactoria o que permanece enquistado, puede minar seriamente el futuro de cualquier equipo.

La mala gestión de los conflictos grupales puede *afectar negativamente* a los siguientes aspectos:

- ✎ *comunicación:* disminuye o se corta la comunicación entre los miembros,
- ✎ *interacción:* se reduce el contacto y la interacción entre las partes en conflicto,
- ✎ *cooperación:* se adoptan actitudes más competitivas,
- ✎ *confianza:* aumenta la desconfianza,
- ✎ *identidad:* se pierde parte del sentido de identidad del grupo,
- ✎ *imagen:* empeora la imagen del grupo de cara al exterior,
- ✎ *clima:* se genera un clima de tensión y de malestar,
- ✎ *motivación:* se incrementa la desmotivación y disminuye la moral,

✎ *relaciones:* la hostilidad y la agresividad minan la armonía en las relaciones.

Los diferentes grados de conflicto dentro del grupo afectan a su productividad y a su rendimiento. Tanto la ausencia de conflicto como una situación excesivamente conflictiva pueden afectar negativamente al rendimiento. Un nivel medio de conflicto genera un cierto grado de activación en el grupo que, en general, afecta positivamente al rendimiento y a la productividad.

Rendimiento en función del grado de conflictividad

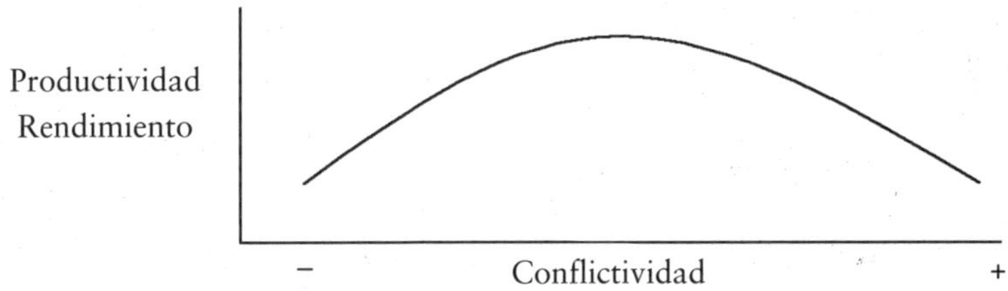

En lo referente a la cohesión interna del grupo, ésta se incrementa cuando se adoptan actitudes no competitivas para resolverlo, o bien cuando el conflicto proviene del exterior. El «enemigo externo», además de incrementar la cohesión, suele producir mayor orientación del grupo a la tarea y generar estructuras más rígidas, en las que suele darse una mayor autocracia del liderazgo.

Sin embargo, la mayoría de las veces el conflicto tiene su origen dentro del propio grupo. Se deriva de causas internas, producto muchas veces de la propia interacción. Suele surgir del difícil encaje de las personalidades y motivaciones de los miembros.

Podemos encontrar las ***causas del conflicto*** en diferentes aspectos del grupo. Veamos algunos ejemplos de cada uno de ellos:

✎ *Objetivos:* indefinición de objetivos; objetivos personales y grupales dispares o incompatibles.
✎ *Comunicación:* malentendidos, cortes y fallos en la comunicación.
✎ *Información:* falta de información; información errónea.
✎ *Percepción:* fallos en la percepción; subjetividad; perspectivas diferentes.

- *Poder:* concentración de gran cantidad de poder en un individuo o subgrupo.
- *Estructura:* indefinición de la estructura; conflicto entre estructura formal e informal.
- *Relaciones:* caracteres o intereses incompatibles; roces en la interacción; respuestas emocionales.
- *Seguridad:* amenaza de ser expulsado del grupo; posibilidad de pérdida de estatus.
- *Tarea:* falta de concreción de las tareas asignadas; reparto no equitativo de las cargas de trabajo; solapamiento de funciones.
- *Roles:* pertenencia a varios grupos que requieren comportamientos que pueden no ser compatibles.
- *Recursos:* reparto irregular de bienes materiales.
- *Valores:* diferencias de valores; cuestionamiento o choque de los principios éticos.

El germen de muchos conflictos grupales está en las propias diferencias individuales. Los conflictos pueden crecer y complicarse hasta llegar a la ruptura de la relación entre los miembros o las partes en conflicto. Más allá del motivo que los originó pueden ir complicándose. A ello pueden contribuir los errores en la comunicación, las críticas generales a las propias normas establecidas o las discrepancias en la forma misma de resolverlo.

ACTITUDES ANTE EL CONFLICTO

Las respuestas individuales ante los conflictos presentan cierta variabilidad. Se observan conductas y actitudes dispares que tienen que ver con el estilo personal de cada individuo.

Introducimos aquí el concepto de asertividad, definida como la capacidad de hacer valer nuestros derechos, opiniones o criterios propios sin provocar rechazo o malestar y sin lesionar a la otra parte. Se trataría de una postura intermedia entre una conducta más sumisa o pasiva y otra más autoritaria o agresiva.

Veamos las diferencias entre estos tres tipos de conductas o actitudes:

- ***Actitud pasiva:*** sumisión, concesión, resignación, silencio, docilidad, frustración, resentimiento.

- ***Actitud asertiva:*** diálogo, acuerdo, empatía, moderación, actitud positiva y constructiva, paradigma ganar-ganar, conciliación, consenso.
- ***Actitud agresiva:*** autoritarismo, confrontación, imposición, acusación, amenaza, insulto, egocentrismo, agresión, actitud negativa e hipercrítica, paradigma ganar-perder.

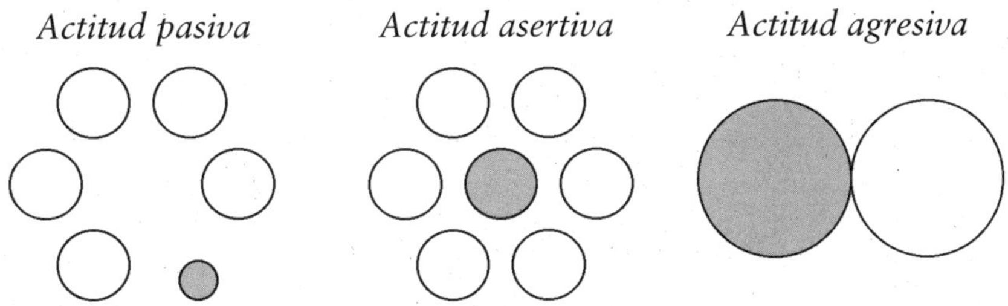

La comunicación asertiva es una de las claves de la resolución de conflictos, pero también es una vacuna eficaz que puede prevenirlos. Una conducta esencialmente agresiva y manipuladora, o excesivamente pasiva y sumisa, es con frecuencia origen de conflictos y, a la vez, un obstáculo importante para poder alcanzar una solución satisfactoria.

Otra clasificación interesante, propuesta por Thomas, surge también del análisis de los diferentes tipos de comportamiento ante el conflicto. Partiendo de dos coordenadas que reflejan conductas de mayor o menor cooperación, y más o menos asertivas, se obtienen cinco comportamientos básicos ante el conflicto:

- *Competición.*
- *Colaboración.*
- *Acomodación.*
- *Evitación.*
- *Compromiso.*

Podemos encontrar un cierto paralelismo de la conducta competitiva con la actitud agresiva, de la conducta de colaboración con la actitud asertiva, y de la conducta acomodaticia con la actitud pasiva. La conducta de evitación supone la huida del conflicto; no se está dispuesto a colaborar ni se adopta una actitud activa, dejando su resolución en manos de otras personas. El compromiso es un estilo intermedio, medianamente asertivo y cooperador.

Estilos de gestión del conflicto. Thomas

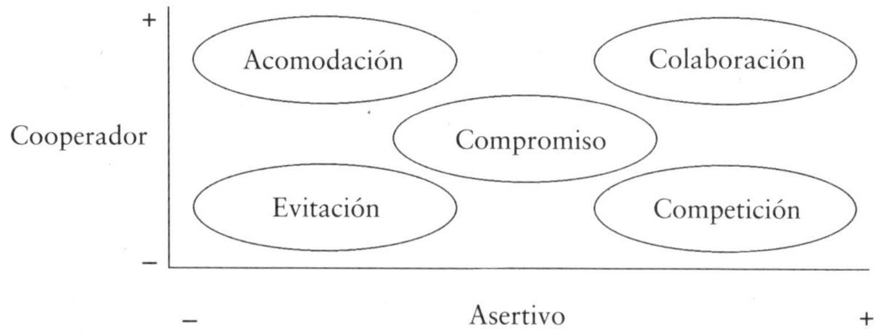

LA RESOLUCIÓN DE CONFLICTOS

Muchas veces, las soluciones que se adoptan contribuyen más a perpetuar los problemas que a resolverlos. Esto se produce tal vez por falta de método a la hora de afrontarlos.

Antes de hablar de la resolución de conflictos conviene recordar los pasos o etapas del método general de resolución de problemas que guardan un estrecho paralelismo con el proceso de toma de decisiones que vimos anteriormente:

1. Identificar y definir con precisión el problema.
2. Recabar información. Conocer los puntos de vista de todas las partes.
3. Generar alternativas y soluciones. Buscar la participación de las partes implicadas.
4. Valorar las alternativas.
5. Seleccionar la o las alternativas más convenientes. Elaborar el plan de acción.
6. Ejecutar el plan de acción. Aplicar la alternativa seleccionada.
7. Evaluar los resultados.

Un problema puede ser interpretado como una oportunidad de mejora. Normalmente, cuando se habla de problemas parece que se hace alusión a algún asunto que puede objetivarse. La palabra conflicto, por el contrario, suele tener una connotación mucho más subjetiva. Los conflictos se vuelven más subjetivos según se incrementa la carga emocional. Ésta, a su vez, suele derivarse de diferentes errores cognitivos que impiden razonar con cierta objetividad:

- la percepción selectiva *negativa,*
- la atribución de *intencionalidad,*
- las *sobregeneralizaciones.*

Ese tipo de pensamiento distorsionado debe ser evitado, o detectado y sustituido por un pensamiento más objetivo y constructivo.

En ocasiones la resolución del conflicto se ve dificultada, no ya por la actitud, el pensamiento, el estilo o el comportamiento inadecuados ante el mismo, sino por la falta de perspectiva. Las miras puestas en el aquí y ahora, en el corto plazo o en nuestra situación particular, impiden con frecuencia resolverlo adecuadamente. Es conveniente ampliar la perspectiva, extender o cambiar las coordenadas espacio-temporales, imaginar la situación en otros contextos. Cabría formularse preguntas del tipo:

- ¿Qué otros aspectos he podido perder de vista centrado exclusivamente en el problema?
- ¿Qué pensaré dentro de una semana, un mes o un año sobre este tema que ahora tanto me preocupa?
- ¿Qué opinarían otras personas al respecto?
- ¿Qué soluciones aportarían?

Veamos algunos consejos y estrategias generales que contribuyen a *optimizar* el proceso de resolución de conflictos:

- Partir de la idea de que los desacuerdos y los conflictos son *normales* en el seno de las relaciones humanas.
- No percibir el conflicto como *responsabilidad* exclusiva de la otra parte.
- Interpretarlo como un problema en común entre partes *interdependientes.*
- Aprovecharlo como una *oportunidad* de cambio.
- Poner en marcha ambas partes, desde sus respectivos ámbitos de actuación, *acciones* encaminadas a resolverlo.
- Distinguir con claridad la *causa* o el motivo que creó originalmente el conflicto, y centrarse en él.
- Evitar centrarse en los *elementos* que fueron añadiéndose e incorporándose posteriormente.
- Evaluar y cuantificar las *consecuencias.* Analizar los posibles costes de no llegar a un acuerdo.

- Buscar la *objetividad,* evitando la interpretación subjetiva y la carga emocional.
- Trazar un *mapa* del conflicto, de su situación física y su evolución en el tiempo; utilizar una representación gráfica como apoyo.
- Ampliar la *perspectiva.*
- Adoptar un enfoque de mayor *autoridad* puede ser más eficaz en situaciones de crisis.
- Barajar la *mediación* de un tercero imparcial como una opción posible.
- Buscar y generar un número suficiente de *alternativas* creativas.
- Evitar el viejo estilo ganar-perder, basado en el *enfrentamiento,* y en el que una parte sale del conflicto como perdedora.
- Aplicar el paradigma ganar-ganar, basado en el *entendimiento,* y en el que las dos partes salen ganando.
- Buscar el *consenso* entre las partes.
- Mantener una *comunicación* asertiva: escuchar, comunicar comprensión y aceptación, describir y defender las propias ideas de forma serena pero firme.
- Aplicar las *técnicas* de resolución de problemas y conflictos.

LA NEGOCIACIÓN

Las soluciones al conflicto pueden venir de la mano de alguna de estas tres estrategias:

— ***Negociación*** entre las partes.

Negociación

— ***Arbitraje,*** que implica someterse a la decisión de un tercero.

Arbitraje

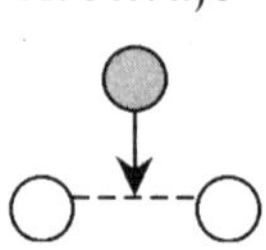

— ***Mediación,*** en la que interviene un mediador que no toma decisiones.

Mediación

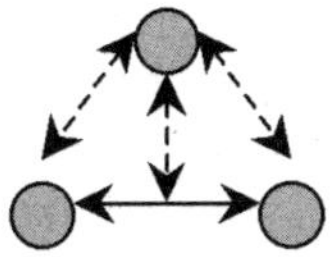

En la mediación, una tercera persona, reconocida como legítima por las partes implicadas, intenta posibilitar la comunicación entre ellas, generar soluciones y ponerlas de acuerdo. A diferencia del arbitraje, el mediador no tiene poder alguno de decisión.

Sus *funciones* principales son:

- facilitar la comunicación entre las partes,
- definir los puntos esenciales a discutir,
- establecer las normas para la interacción positiva,
- moderar, eliminando posibles amenazas o elementos subjetivos,
- sugerir soluciones aceptables para las partes y también para otros colectivos,
- ayudar a las partes a alcanzar el acuerdo.

La negociación, como tal, implica un proceso mediante el cual dos o más partes que se hayan en conflicto buscan un resultado más satisfactorio para ambas por medio de la acción conjunta. Las partes son conscientes de que interactuando pueden obtener algunas ventajas.

Señalar los puntos de convergencia entre las partes en conflicto es una excelente forma de iniciar la negociación. Al empezar a negociar hay que saber buscar y aprovechar los puntos que acercan las posturas y que pueden unir, y centrarse en ellos. Partir de esos aspectos permite ir ampliando la zona de acuerdo, dejando aparcadas las diferencias al menos temporalmente.

Como vimos al referirnos a la conformidad, en la negociación, la conformidad inicial permite una mayor tolerancia posterior a la disconformidad.

Las partes que intervienen en un proceso de negociación pueden adoptar diferentes actitudes:

- ✎ ***Centrada en la tarea:*** actitud orientada a obtener el máximo beneficio y satisfacer el interés propio sin verse afectado por la postura e intereses de la otra parte.
- ✎ ***Centrada en la relación:*** en ella se da prioridad al mantenimiento de buenas relaciones entre las partes, por lo que se supedita a ello el resultado final de la negociación, rebajando generalmente las exigencias iniciales.
- ✎ ***Término medio:*** actitud que muestra su disposición a cumplir ambos cometidos, recortando lo necesario los excesos en cualquier sentido. Al final logra satisfacer, aunque sólo a medias, tanto la tarea como la relación.
- ✎ ***Integradora:*** actitud creativa de búsqueda de fórmulas originales con las que alcanzar ambos objetivos plenamente, de forma satisfactoria para ambas partes. Tanto la tarea como la relación son atendidas y resueltas de forma óptima.
- ✎ ***Huida:*** actitud de escape, pasividad o evasión de cualquier responsabilidad, esperando que el conflicto se resuelva por sí mismo o por la intervención de otros.

Actitudes en la negociación

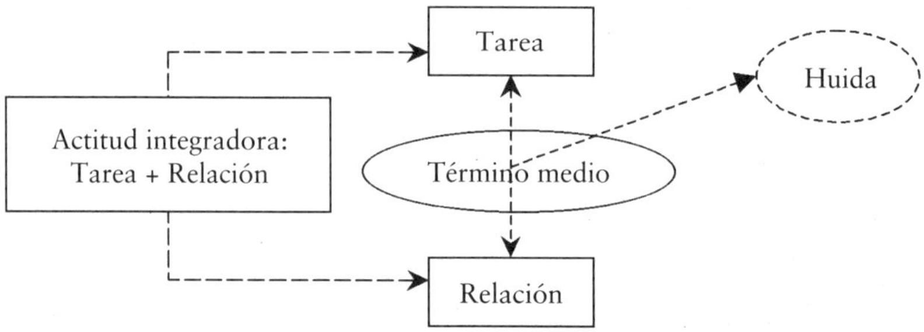

La actitud integradora y creativa presenta valores añadidos respecto al resto de actitudes. Su objetivo es alcanzar rendimientos máximos para todos, creando nuevos contextos e imaginando o diseñando soluciones prácticas basadas en la confianza mutua entre las partes y en la flexibilidad y el esfuerzo de todos. Está más centrada en respetar el espíritu de la ley y no tanto en ceñirse a su letra. Normalmente requiere realizar adaptaciones y contemplar excepciones a la regla general.

El acuerdo, en la mayoría de los casos, viene de la mano de las concesiones realizadas generalmente por ambas partes. No se trata de ceder unilateralmente. El hecho de **ceder**, antes considerado como un signo de debilidad, ha demostrado ser una forma eficaz de llegar a acuerdos.

Veamos algunos consejos, orientaciones y aspectos a tener en cuenta en este sentido:

- ✎ No es lo mismo una señal de flexibilidad que una concesión.
- ✎ El acto de ceder en una negociación sienta un precedente de cara al futuro.
- ✎ Hacer concesiones a modo de regalo, sin compensación alguna a cambio, reduce las posibilidades y el margen de negociación.
- ✎ Lo importante no es el valor para la parte que cede, sino el que representa para la otra parte.
- ✎ El negociador inexperto suele caer en posturas extremas, entregando todas las concesiones enseguida, o no realizando concesión alguna.
- ✎ Las concesiones en la negociación suelen formularse como propuestas condicionales del tipo «si ustedes... entonces nosotros...»
- ✎ Al inicio de la negociación pueden hacerse las concesiones de menor valor, reservando las de mayor valor para las últimas fases.
- ✎ En ocasiones se puede utilizar la estrategia de solicitar algo de la otra parte, aun sin interés, o sabiendo que no nos lo pueden conceder. La renuncia posterior a esa solicitud podría hacerse valer como si se tratase de una concesión por nuestra parte.
- ✎ Conviene evitar la excesiva precipitación y adoptar una perspectiva temporal. Hay que considerar que, en general, el día después también forma parte de la negociación.
- ✎ A la hora de negociar conviene también mirar al futuro, y poner especial énfasis en la continuidad de la relación entre las partes.

Las partes que están negociando un acuerdo suelen marcarse sus respectivos óptimos y mínimos a alcanzar en la negociación. Estos valores describen una banda negociable en la que cada parte está dispuesta a moverse durante la negociación, y no suelen ser conocidos por la parte contraria. Para que exista realmente posibilidad de acuerdo tiene que haber un cierto solapamiento entre las respectivas bandas negociables, o al menos una coincidencia de mínimos, en la que se tocan las dos bandas.

Durante la negociación se pueden manifestar actitudes tanto de firmeza como de *flexibilidad.* Ambas son cualidades necesarias para el buen fin de la misma. Una postura inamovible hace improbable una solución satisfactoria de la negociación. Pero, aunque se muestren señales de disposición a hablar sobre los temas objeto de negociación, es habitual manifestar cierta firmeza:

- al inicio de la negociación,
- en un tema general,
- en los aspectos esenciales,
- en la cifra o resultado que consideramos óptimo para nuestros intereses.

La flexibilidad es progresiva en la negociación y se manifiesta de forma más abierta en las fases finales. Normalmente suele reservarse para aspectos más puntuales, concretos y secundarios.

SOLUCIÓN DE PROBLEMAS EN LAS RELACIONES HUMANAS

Para concluir, exponemos de forma resumida una serie de reflexiones que pueden ayudar a entender y a resolver los problemas que surgen en las relaciones humanas. Éstos suelen estar, generalmente, en la base y el origen de los conflictos en los grupos.

- La ***crisis*** representa un momento de cambio que ofrece importantes oportunidades de crecimiento. En chino, la palabra crisis tiene un doble significado: peligro y oportunidad. Es a la vez el punto crítico y de riesgo, y el punto clave de la cuestión.
- Las ***discusiones*** son la expresión de las diferencias de opinión entre los seres humanos. En las relaciones humanas, el acuerdo en todos los temas y la ausencia de discusiones puede llegar a ser tan perjudicial como el desacuerdo constante.
- El ***bienestar*** en el ser humano depende de forma especial de variables psicológicas. Con frecuencia las personas dan prioridad al hecho de poder salirse con la suya y demostrar que tienen razón, anteponiendo esa circunstancia a su propio bienestar personal. La felicidad queda así hipotecada al hecho de «tener razón».
- La ***preocupación*** es una etapa que precede a la acción. Podríamos hablar de «pre-ocupación» como de un estado previo a ocuparnos de resolver determinado asunto. Muchas

veces lo que tenemos realmente no es un problema, sino una decisión que tomar, una conducta o acción que emprender.

- Generalmente cuando hay un problema es cuando atendemos, pero cada problema requiere que se le preste la ***atención*** justa, ni más ni menos. Hay ocasiones en que el exceso de atención sobre un determinado asunto acaba por convertirlo efectivamente en un problema. Ocurre algo parecido a cuando se sopla sobre una llama intentando apagar el fuego: cuanto más se sopla, más arde. En otros casos ocurre al contrario, y es la falta de celo y la despreocupación lo que empeora y agrava el problema hasta el punto de complicar su resolución.
- La ***serenidad*** y tranquilidad a la hora de discutir debe ser tanto mayor cuanto más relevancia tiene el tema objeto de discusión. Subir el tono de la polémica puede tener cierta disculpa cuando se están abordando temas secundarios. En una relación de pareja, por ejemplo, no es lo mismo discutir sobre algún tema trivial, intranscendente o superficial, que sobre la propia relación o sobre los hijos. Hay temas esenciales en las relaciones humanas que deben ser tratados con una especial tranquilidad, calma y discreción.
- Parece que cada problema tiene su ***momento*** adecuado para ser resuelto. Normalmente los problemas suelen resolverse de forma más satisfactoria cuando los ánimos están más templados que cuando se abordan en caliente o en frío.
- Es preciso ***analizar*** a fondo los problemas. Cuando dos personas quieren la única naranja disponible, podemos sin más tomar la decisión salomónica de partirla por la mitad. Pero debemos analizar más a fondo el asunto y, antes que dar por supuesto que la quieren para comerla, debemos preguntarlo. Tal vez una persona la quiere para prepararse un zumo, y la otra quiere utilizar la cáscara para preparar un pastel. Hay que analizar a fondo, evitando prejuzgar o presuponer.
- La ***objetividad*** del análisis es una condición favorable para una solución óptima de los problemas. Resulta difícil ser imparcial cuando uno mismo es parte implicada. Muchas discusiones resultan especialmente difíciles de resolver por la percepción subjetiva que tiñe la argumentación de cada una de las partes. A veces no hay acuerdo ni en cosas tan básicas como el tema de discusión o el origen de la misma: «Todo empezó

cuando tú dijiste...» «Eso no es cierto; la discusión comenzó cuando mencionaste...».

✎ Trazar un ***mapa*** del conflicto es tenerlo «medio resuelto». Los problemas se pueden representar gráficamente, incluyendo sus diversas partes, los factores que intervienen, las distancias y relaciones que se establecen entre todos sus elementos y las salidas y alternativas posibles.

✎ Conviene ***separar*** los problemas, abordarlos de uno en uno, o al menos guardar entre ellos cierto grado de separación. Asuntos que son diferentes pueden llegar a interferirse mutuamente, complicando su resolución. El hecho de empezar a sacar a relucir otros temas ajenos suele acabar por contaminar todo el proceso. Queda la sensación de que tal vez sea imposible resolver «tantos problemas como hay». Es aconsejable desligar el problema de base de los problemas personales y emocionales. Debemos centrarnos en el tema y abordarlo a fondo.

✎ Debemos adoptar una ***perspectiva temporal.*** Resulta sorprendente ver cómo, con el paso del tiempo, muchos problemas que en su día nos dieron la impresión de ser graves e importantes quedaron con el tiempo reducidos a minucias sin apenas repercusión. Merece la pena plantearse la importancia que puede tener para nosotros el asunto en cuestión una vez que hayan pasado algunos meses o años. Incluso al día siguiente las cosas se ven de otra forma.

✎ La palabra ***transparencia*** cobra un significado especial al referirla a los problemas. Debemos ejercitar nuestra habilidad para ser capaces de mirar «a través de las apariencias». Muchos hechos desafortunados brindan excelentes oportunidades para mejorar y crecer, mientras que muchas circunstancias aparentemente favorables finalmente no resultan serlo tanto. Con frecuencia muchas pérdidas y dificultades nos enseñan a valorar y a encontrar el verdadero sentido a las cosas.

✎ Es importante centrarse especialmente en el ***presente.*** El pasado nos puede servir para aprender de él, pero no para convertirlo en un arma de reproche, sacando a la luz temas guardados para la ocasión. Hay que poner las miras en una solución óptima que contribuya también a mejorar de cara al futuro.

✎ La ***actitud*** y la disposición para resolver los problemas es un elemento fundamental. Las actitudes defensivas u ofensivas suelen dificultar el acuerdo. Una actitud positiva y ecuánime suele manifestarse en el deseo de obtener propuestas, alternativas y acuerdos que resulten justos, y en los que todas las partes puedan obtener lo que desean. La propia creencia en que es posible resolver un determinado asunto contribuye a persistir en el empeño de buscar soluciones positivas y aceptables. Con esa actitud es muy probable que se consigan.

- ✎ La ***flexibilidad*** es una condición necesaria para resolver las diferencias. Una postura rígida e inamovible difícilmente contribuirá al acuerdo. Acercarse a la postura de la otra persona le anima de algún modo a acercarse también a la nuestra.
- ✎ La ***comunicación*** es la herramienta por excelencia en la solución de la mayoría de los problemas humanos. Es conveniente preguntar y escuchar con interés los puntos de vista de la otra parte, y también manifestar los nuestros con sinceridad, con claridad y sin intentar imponerlos.
- ✎ Hay que cuidar y adecuar la utilización del ***lenguaje.*** Se deben evitar, por ejemplo, las descalificaciones de la otra parte, la ironía, las generalizaciones del tipo «siempre llegas tarde» o «nunca me haces caso».
- ✎ La ***empatía*** es una cualidad necesaria no sólo para resolver las diferencias interpersonales, sino para optimizar las relaciones humanas en general. Ponerse en el lugar de los demás ayuda a entender realmente sus argumentos, sus necesidades, sus sentimientos. La empatía nos permite reconocer los aspectos razonables de las posturas que adoptan los demás y que son diferentes a la nuestra.
- ✎ El ***respeto*** es la esencia misma de la convivencia. La mayoría de las soluciones a los problemas humanos no viene precisamente de la mano de la humillación, el descrédito o el menosprecio de la otra parte. Más bien es al contrario. El respeto a las necesidades y a los deseos de los demás es una invitación a que los nuestros también sean respetados. Decir «sí» en una discusión puede ayudar de forma significativa a resolver las diferencias. Esa afirmación, antes que un acatamiento incondicional, manifiesta que entendemos y respetamos una postura que es diferente a la nuestra. Decir «no» cierra muchas veces las puertas a cualquier debate posterior.
- ✎ La ***creatividad*** es una condición especialmente deseable para la resolución eficaz de muchos de los problemas. Ser creativo es mirar más allá. A la hora de repartir un pastel entre dos perso-

nas podemos dividirlo en dos partes iguales y, sin embargo, ver cómo se origina una discusión porque determinado trozo parece mayor que el otro. Una solución creativa, bastante lógica por otra parte, es delegar y dejar que una de las partes haga la división y la otra elija.

- ✎ Es relativamente fácil hablar o criticar; lo difícil es ***decidir*** y, además, acertar. Hay que evitar perderse en el análisis sin llegar a resolver. Y tener en cuenta que el hecho de errar en la resolución de un problema supone también un aprendizaje. No se equivoca quien no decide, pero tampoco construye ni crea nada nuevo.
- ✎ Ofrecer ***alternativas*** es una estrategia ideal para resolver muchos problemas humanos. No tiene mucho sentido acorralar a la otra parte en un callejón sin salida. Es preferible dar alternativas, ofrecer la posibilidad de elegir, y permitir a la otra parte salir con dignidad del conflicto, sin colocarle el cartel de perdedor. Es muy diferente mantener una postura de «se hace lo que yo digo o nada» a proponer que «tenemos esta opción, y esta otra alternativa que también sería posible».

Con estas últimas reflexiones, relativas a la solución de problemas humanos, concluye este libro. Confiamos en que sus páginas aporten ideas, sugerencias y estrategias que contribuyan no sólo a elevar el rendimiento y la eficacia de los equipos de trabajo, sino también a incrementar la satisfacción y el desarrollo personal de sus integrantes.

Muchas gracias.

GUILLERMO BALLENATO PRIETO
gballenato@correo.cop.es
www.cop.es/colegiados/m-13106

Las claves del trabajo en grupo

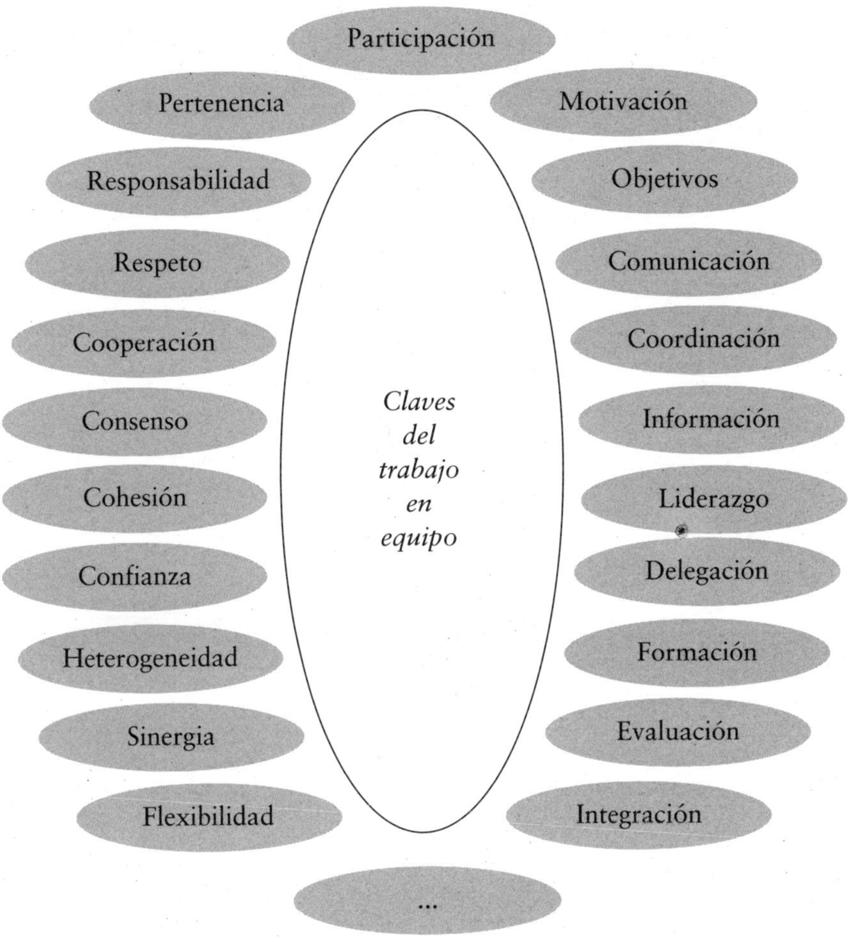

BIBLIOGRAFÍA

Albert, L. y Simon, P. (1979): *Las relaciones interpersonales*. Barcelona: Herder.

Álvarez de Mon Pan de Soraluce, S. (2001): *El mito del líder: profesionales, ciudadanos, personas, la sociedad alternativa*. Madrid: Pearson Educación.

Alzate, R. (1998): *Análisis y resolución de conflictos. Una perspectiva psicológica*. Bilbao: Universidad del País Vasco.

Ander-Egg, E. (1985): *Técnicas de reuniones de trabajo*. Alicante: Humanitas.

Ander-Egg, E. (1995): *Técnicas de investigación social*. Buenos Aires: Editorial Lumen.

Andreola, B. A. (1995): *Dinámica de grupo*. Santander: Sal Terrae.

Antons, K. (1990): *Práctica de la dinámica de grupos. Ejercicios y técnicas*. Barcelona: Herder.

Antúnez, S. y otros (2002): *Dinámicas colaborativas en el trabajo del profesorado: el paso del yo al nosotros*. Madrid: Graó.

Anzieu y Martin (1971): *La dinámica de los grupos pequeños*. Buenos Aires: Kapelusz.

Argyle, M. (1978): *Psicología del comportamiento interpersonal*. Madrid: Alianza.

Argyris, Ch. (1979): *El individuo dentro de la organización*. Barcelona: Herder.

Arruga, I. y Valeri, A. (1989): *Dinámica socioevolutiva. Educación y sociometría*. Barcelona: Herder.

Arruga, I. y Valeri, A. (1992): *Introducción al test sociométrico*. Barcelona: Herder.

Asociación Formación Social (1974): *Dinámica de Grupos para Educadores*. Madrid: SM.

Bandura, A. (1987): *Teoría del aprendizaje social*. Madrid: Espasa Calpe.

Bany, M. A. y Jonhson, L. V. (1980): *La dinámica de grupo en la educación*. Madrid: Aguilar.

Barriga, S. (1982): *Psicología del grupo y cambio social*. Barcelona: Hora.

Beal, G. M., Bohlen, J. M. y Raudabauch, J. N. (1964): *Conducción y acción dinámica del grupo*. Buenos Aires: Kapelusz.

Beauchamp, A., Graveline, R. y Quiviger, C. (1985): *Cómo animar un grupo*. Santander: Sal Terrae.
Bel, G. M. (1979): *Cómo animar un grupo*. Madrid: Ed. Marsiega.
Berger, B. y Luckmann, T. (1979): *La construcción social de la realidad*. Buenos Aires: Amorrortu.
Berne, E. (1983): *Juegos en que participamos*. México: Editorial Diana.
Bonals, J. (1996): *El trabajo en equipo del profesorado*. Barcelona: Graó.
Borisoff, D. y Victor, D. A. (1991): *Gestión de conflictos*. Madrid: Díaz de Santos.
Cádiz, A. (1984): *Conflicto y negociación*. Madrid: Ibérico Europea Ediciones.
Cartwright, D. y Zander, A. (1979): *Dinámica de grupos. Investigación y teoría*. México: Trillas.
Casanova, M. A. (1991): *La sociometría en el aula*. Madrid: La Muralla.
Cembranos, F., Hernández, D. y Bustelo, M. (1988): *La animación sociocultural. Una propuesta metodológica*. Madrid: Editorial Popular.
Cembranos, F. y Medina, J. A. (2003): *Grupos inteligentes: teoría y práctica del trabajo en equipo*. Madrid: Popular.
Chalvin, D. y Eyssette, F. (1987): *Cómo resolver los pequeños conflictos en el trabajo*. Bilbao: Ediciones Deusto.
Ciriglianao, G. y Villaverde, A. (1997): *Dinámica de grupos y educación*. Buenos Aires: Humanitas.
Cofer, C. N. y Appley, M. H. (1979): *Psicología de la motivación*. México: Trillas.
Cornelius, H. Y. y Faire, S. (1995): *Tú ganas, yo gano*. Madrid: Gaia.
Costa, M. (1991): *Manual para el educador social*. Madrid: Ministerio de Asuntos Sociales.
Costa, M. y López, E. (2000): *Los secretos de la dirección: manual práctico para dirigir organizaciones y equipos*. Madrid: Pirámide.
Dahrendorf, R. (1993): *El conflicto social moderno*. Barcelona: Biblioteca Mondadori.
Del Arenal, C. (1990): *Introducción a las relaciones internacionales*. Madrid: Tecnos.
Delbecq, A. (1984): *Técnicas grupales para la planeación*. México: Trillas.
Demory, B. (1985): *Cómo dirigir y animar las reuniones de trabajo*. Bilbao: Ediciones Deusto.
D'Souza, A. (1996): *Éxito en el liderazgo*. Santander: Sal Terrae.
Fabra, M. L. (1994): *Técnicas de grupo para la cooperación*. Barcelona: Ediciones Ceac.
Filley, A. C. (1985): *Solución de conflictos interpersonales*. México: Trillas.
Floyer, A. (1993): *Cómo utilizar la mediación para resolver conflictos en las organizaciones*. Barcelona: Paidós.
Francia, A. y Mata, J. (1996): *Dinámica y técnicas de grupo*. Madrid: CCS.
Fritzen, S. J. (1987): *La ventana de Johari*. Santander: Sal Terrae.

Fritzen, S. J. (1988): *70 ejercicios prácticos de dinámicas de grupos*. Santander: Sal Terrae.
Fuentes, P. (1997): *Técnicas de trabajo individual y de grupo en el aula*. Madrid: Pirámide.
Gahagan, J. (1981): *Conducta interpersonal y de grupo*. México: C. E. Continental.
Gil Rodríguez, F. (1999a): *Introducción a la psicología de los grupos*. Madrid: Pirámide.
Gil Rodríguez, F. (1999b): *Prácticas de psicología de los grupos*. Madrid: Pirámide.
Gil Rodríguez, G. y García, M. (1993): *Grupos en las organizaciones*. Madrid: Eudema.
Giraudier, M. (2002): *La gestión de la actitud: cómo crear un clima de confianza y de comunicación en los equipos de trabajo para conseguir una gestión más eficaz*. Barcelona: Obelisco.
Goleman, D. (1996): *Inteligencia emocional*. Barcelona: Kairós.
González Río, M. J. (1997): *Metodología de la investigación social*. Alicante: Aguaclara.
Hawley, A. H. (1982): *Ecología humana*. Madrid: Tecnos.
Hostie, R. (1994): *Técnicas de dinámica de grupo*. Madrid: Publicaciones ICCE.
Huber, G. P. (1984): *Toma de decisiones en la gerencia*. México: Trillas.
Huici Casal, C. (1989): *Estructura y procesos de grupo*. Madrid: UNED.
Ibáñez, J. (1979): *El grupo de discusión*. Madrid: Siglo XXI.
Izquierdo, C. (1996): *La reunión de profesores, participar, observar y analizar la comunicación en grupo*. Barcelona: Paidós.
Katz, D. y Kahn. R. (1977): *Psicología social de las organizaciones*. México: Trillas.
Kirsten, R. E. y Schwarz, J. M. (1976): *Entrenamiento de grupos*. Bilbao: Mensajero.
Kissen, M. (1979): *Dinámica de grupo y psicoanálisis de grupo*. México: Trillas.
Kolb, D. (1976): *Psicología de las organizaciones*. Problemas Contemporáneos. Prentice-Hall Internacional.
Korman, A. (1978): *Psicología de la industria y de las organizaciones*. Madrid: Marova.
Krech, D. (1972): *Psicología social*. Madrid: Biblioteca Nueva.
Krueger, R. (1991): *El grupo de discusión*. Madrid: Ediciones Pirámide.
Lewin, K. (1978): *Teoría del campo en la ciencia social*. Buenos Aires: Paidós.
Limbos, E. (1979): *Cómo animar un grupo*. Madrid: Ed. Marsiega.
López Caballero, A. (1999): *¿Cómo dirigir grupos con eficacia?* Madrid: CCS.
López-Parto, L. (1981): *Dogmatismo y dinámica de grupos*. Madrid: Narcea.

López-Parto, L. (1997): *Dinámica de grupos. Cincuenta años después.* Bilbao: Desclée de Brouwer.
Luft, J. (1976): *La interacción humana.* Madrid: Marova.
Lundin, S. C., Paul, H. y Christensen, J. (2001): *Fish! La eficacia de un equipo radica en su capacidad de motivación.* Barcelona: Urano.
Mailhiot, B. (1971): *Dinámica y génesis de grupos.* Madrid: Marova.
March, J. y Simon, H. (1987): *Teoría de la organización.* Barcelona: Ariel.
Marchioni, M. (1987): *Planificación social y organización de la comunidad.* Madrid: Editorial Popular.
Marín, M. y Troyano, Y. (2003): *Trabajando con grupos: técnicas de intervención.* Madrid: Pirámide.
Mayntz, R. (1990): *Sociología de la organización.* Madrid: Alianza Editorial.
Mcmahon: *Reuniones importantes, resultados importantes.* McGraw-Hill.
Medina, J. A. y Cembranos, F. (1996): *La soledad.* Madrid: Aguilar.
Miles, M. B. (1969): *Aprendizaje del trabajo en grupos.* Buenos Aires: Troquel.
Mintzberg, H. (1991): *La estructuración de las organizaciones.* Barcelona: Ariel.
Morales, J. F. (1994): *Psicología social.* Madrid: McGraw-Hill.
Morales Navarro, J. y Abad Márquez, L. V. (1996): *Introducción a la sociología.* Madrid: Tecnos.
Moreno, J. L. (1954): *Fundamentos de la sociometría.* Buenos Aires: Paidós.
Muchielli, R. (1979): *La dinámica de los grupos.* Madrid: Ibérico-Europea de Ediciones.
Muchielli, R. (1984): *Cómo dirigir una reunión: preparación y dirección eficaz de las reuniones de grupo.* Madrid: Ibérico-Europea de Ediciones.
Napier-Gershenfeld, R. (1980): *Grupos. Teoría y experiencia.* México: Trillas.
Newstrom, J. W. (1989): *100 ejercicios para dinámica de grupo.* México: McGraw-Hill.
Núñez, T. y Loscertales, F. (2000): *El grupo y su eficacia. Técnicas al servicio de la dirección y coordinación de grupos.* Barcelona: EUB.
Ovejero, A. (1988): *Psicología social de la educación.* Barcelona: Herder.
Pages, M. (1976): *Psicoterapia rogeriana y psicología social no directivas.* Buenos Aires: Paidós.
Pages, M. (1977): *La vida afectiva de los grupos.* Barcelona: Fontanella.
Pallarés, M. (1988): *Técnicas de grupo para educadores.* Madrid: ICCE.
Perow, C. (1993): *Sociología de las organizaciones.* Madrid: McGraw-Hill.
Raven, R. (1981): *Psicología social: las personas en grupos.* México: C. E. Continental.
Requena Santos, F. (1994): *Amigos y redes sociales.* Madrid: CIS.
Rex, J. (1985): *El conflicto social.* Madrid: Siglo XXI.
Riccardi, R. (1984): *Cómo dirigir una reunión e informar ante un grupo.* Bilbao: Deusto.
Richard, B. (1991): *El ataque frontal, el divide y vencerás, el hecho consumado y otras 118 tácticas.* Bilbao: Ediciones Deusto.

Robbins, S. (1996): *Comportamiento organizacional: teoría y práctica.* Prentice-Hall Hispanoamericana.
Rodríguez Porras, J. M. (2001): *Relaciones humanas en la empresa.* Navarra: Ediciones Internacionales Universitarias.
Rogers, C. (1973): *Grupos de encuentro.* Buenos Aires: Amorrortu.
Sánchez, M. (1986): *Metodología y práctica de la participación.* Madrid: Editorial Popular.
San Epifanio, J. A. (1999): *Jugar en equipo.* Barcelona: Martínez Roca.
Sbandi, P. (1978): *Psicología de grupos.* Barcelona: Herder.
Schäfers, B. (1984): *Introducción a la sociología de grupos.* Barcelona: Herder.
Schein, E. y Venís, W. (1980): *El cambio personal y organizacional a través de métodos grupales.* Barcelona: Herder.
Secord, P y Backman, C. (1976): *Psicología social.* México: McGraw-Hill.
Seligman, M. (1991): *Indefensión.* Madrid: Debate.
Shaw, M. E. (1994): *Dinámica de grupo. Psicología de la conducta de los pequeños grupos.* Barcelona: Herder.
Sierra-Bravo, R. (1988): *Técnicas de investigación social.* Madrid: Paraninfo.
Trechera, J. L. (2000): *Introducción a la psicología del trabajo.* Bilbao: Desclée de Brouwer.
Trechera, J. L. (2003): *Trabajar en equipo: talento y talante: técnicas de dinámica de grupos.* Bilbao: Desclée de Brouwer.
Vázquez, I. (1990): *Empresa y grupo.* Madrid: Eada Gestión.
Zamora, A. (1996): *Recursos lúdico-festivos.* Madrid: CCS.

TÍTULOS PUBLICADOS

- CÓMO ENFRENTARSE CON ÉXITO A EXÁMENES Y OPOSICIONES, *F. Miralles Muñoz y M.ª del C. Sanz Segura.*
- COMUNICACIÓN EFICAZ. Teoría y práctica de la comunicación humana, *G. Ballenato.*
- DE LA UNIVERSIDAD AL PUESTO DE TRABAJO, *G. Castillo Ceballos y A. Rodríguez Sedano.*
- EL ÉXITO EN LAS ENTREVISTAS DE TRABAJO, *I. Popovich.*
- ESTUDIAR EN EL EXTRANJERO. Una guía completa para aprender y disfrutar al máximo de la experiencia, *D. Cabezudo.*
- GESTIÓN DEL TIEMPO. En busca de la eficacia, *G. Ballenato.*
- GUÍA DE LA NEGOCIACIÓN PARA MUJERES, *L. Aramburu-Zabala.*
- HABILIDADES DE NEGOCIACIÓN. Todos podemos ganar, *L. Aramburu-Zabala.*
- HABLAR EN PÚBLICO. Arte y técnica de la oratoria, *G. Ballenato.*
- HAZLO AHORA. No lo dejes para mañana, *T. van Essen y H. C. Schouwenburg.*
- LAS BUENAS MANERAS. Manual moderno de estilo, *E. Cyster y F. Young.*
- RELAJACIÓN, *J. Hewitt.*
- TÉCNICAS DE ESTUDIO. El aprendizaje activo y positivo, *G. Ballenato.*
- TRABAJO EN EQUIPO. Dinámica y participación en los grupos, *G. Ballenato.*